ESTE LIBRO TAN CUQUI PERTENECE A:

Nombre:

Teléfono:

Red Social:

VICENTE VALERA
ILUSTRADO POR CINTHIA MOURE

CONSTITUCIÓN ESPAÑOLA, 1978

Diseño de cubierta:
Cinthia Moure

1.ª edición, septiembre 2018
2.ª edición, abril 2026

ISBN: 978-84-309-9421-2
Depósito Legal: M-4030-2026

Printed in Spain

Índice

SOBRE ESTE LIBRO

Nuestra Consti, nuestra Constitución Española de 1978 es la Norma Suprema del ordenamiento jurídico español, a la que quedamos sujetos todos: los poderes públicos y los ciudadanos.

La actual Constitución, fue aprobada por las Cortes Generales el 31 de octubre de aquel año, ratificada en referéndum por el pueblo español el día 6 de diciembre, y poco después, sancionada por el Rey Juan Carlos I el 27 de diciembre. Su publicación y entrada en vigor se produjo en el Boletín Oficial del Estado el 29 de diciembre.

Con la actual Constitución se culminó la transición al régimen democrático, cuyo comienzo fue la muerte de Franco el 20 de noviembre de 1975, para permitirnos llegar, desde un régimen dictatorial a un: "Estado social y democrático de derecho…", tal y como así reza el artículo primero de nuestra Carta Magna.

Te ofrecemos esta "versión Martina" cuidada al máximo, buscando que puedas darle el uso más cómodo posible, pues se trata de una edición ilustrada brillantemente por Cinthia Moure que creo que te va a encantar.

Permíteme indicarte que para poder sacarle el máximo partido, para que puedas lograr tu mejor nivel, te recomendamos seguir una cierta metodología en uso que vas a encontrar incorporada durante la lectura y manejo de la presente edición.

A continuación te describo el sistema.

lectura

PRIMERO	⭐ *prelectura*	Permite obtener una primera impresión o visión de conjunto. Durante esta fase se debe leer de forma superficial tratando de captar los elementos más importantes y las palabras clave del texto.
	⭐⭐ *comprensiva*	En esta etapa debes adoptar una disposición activa para comprender el contenido del texto y estableciendo las relaciones entre distintos conceptos.
	⭐⭐⭐ *analítica*	Implica una relectura minuciosa para distinguir las ideas mas importantes y captar las relaciones existentes entre estas y las ideas secundarias o enunciados de apoyo. Se hace párrafo a párrafo y como observarás con esta edición te va a resultar sumamente fácil.

Subrayado

SEGUNDO

Con esta técnica se pretende llamar la atención. Si bien este libro viene previamente trabajado en este sentido te recomendamos que lo personalices al máximo con cualesquiera elementos que precises. Después de las tres fases de lectura anteriormente señaladas y con los apoyos que te ofrecemos te va a resultar sencillo. No olvides determinar, con carácter previo, los códigos de colores. Esto es muy personal.

esquematización

TERCERO

Esta fase resulta fundamental para poder realizar un estudio con éxito y te llevará a organizar las **ideas principales** que has subrayado en el texto, dándoles un orden definitivo para entenderlo y visualizarlo.

Repaso

CUARTO

Para acabar el repaso te permite retener las cosas aprendidas. Lo que no se repasa con el tiempo se olvida. **Gestionar el olvido** marca toda la diferencia. Debe organizarse, por tanto, un calendario personal de repasos que debe estar por escrito. Aquello que no se planifica y se plasma tiene pocas posibilidades de llevarse a cabo.

Para finalizar nos permitimos recomendarte que lleves a cabo una selección del **Top - 50** de aquellos conceptos que o bien consideres más importantes o supongan mayor dificultad para ti.

Para ello vas a encontrar el símbolo píldora que tienes reflejado a continuación para que le añadas tres sesiones de estudio adicionales.

Cinthia y yo esperamos que te guste esta edición realizada con la máxima dedicación y que puedas afrontar con los mejores ánimos el estudio de una norma tan trascendental como esta.

Un fuerte abrazo.

Vicente.

LA CONSTI:
FECHAS / CLAVE
eneRo 12
eneRo 11

31 Octubre
APROBACIÓN POR LAS CCGG EN SESIONES PLENARIAS DEL CONGRESO DE LOS DIPUTADOS Y DEL SENADO
1.978
6 Diciembre
RATIFICACIÓN POR EL PUEBLO ESPAÑOL EN REFERÉNDUM
29 Diciembre
PUBLICACIÓN EN EL BOE (Nº 311) Y ENTRADA EN VIGOR
27 Diciembre
SANCIÓN POR S. M. EL REY ANTE LAS CORTES

13.2
LA CONSTI
LA CONSTI
22/30 Julio
APROBACIÓN POR LAS CCGG EN SESIONES PLENARIAS DEL CONGRESO DE LOS DIPUTADOS Y DEL SENADO
1.992
27 Agosto
SANCIÓN POR S. M. EL REY
28 Agosto
PUBLICACIÓN EN EL BOE (Nº 207) Y ENTRADA EN VIGOR

135
LA CONSTI
LA CONSTI
LA CONSTI
2/7 Sept.
APROBACIÓN POR LAS CCGG EN SESIONES PLENARIAS DEL CONGRESO DE LOS DIPUTADOS Y DEL SENADO
2.011
27 Sept.
SANCIÓN POR S. M. EL REY
PUBLICACIÓN EN EL BOE (Nº 233) Y ENTRADA EN VIGOR

49
LA CONSTI
LA CONSTI
LA CONSTI
18/25 Enero
APROBACIÓN POR LAS CCGG EN SESIONES PLENARIAS DEL CONGRESO DE LOS DIPUTADOS Y DEL SENADO
2.024
15 Febrero
SANCIÓN POR S. M. EL REY
17 Febrero
PUBLICACIÓN EN EL BOE (Nº 43) Y ENTRADA EN VIGOR

Preámbulo

A todos los que vieren y entendieren,

Sabed: Que las Cortes han aprobado y el pueblo español ratificado la siguiente Constitución.

La Nación española, deseando establecer la justicia, la libertad y la seguridad y promover el bien de cuantos la integran, en uso de su soberanía, proclama su voluntad de:

Garantizar la convivencia democrática dentro de la Constitución y de las leyes conforme a un orden económico y social justo.

Consolidar un Estado de Derecho que asegure el imperio de la ley como expresión de la voluntad popular.

Proteger a todos los españoles y pueblos de España en el ejercicio de los derechos humanos, sus culturas y tradiciones, lenguas e instituciones.

Promover el progreso de la cultura y de la economía para **asegurar** a todos una digna calidad de vida.

Establecer una sociedad democrática avanzada, y

Colaborar en el fortalecimiento de unas relaciones pacíficas y de eficaz cooperación entre todos los pueblos de la Tierra.

En consecuencia, las Cortes aprueban y el pueblo español ratifica la siguiente

Título
Preliminar
M

start

1. España se constituye en un **Estado social y democrático** de **Derecho**, que propugna como **valores superiores** de su ordenamiento jurídico:

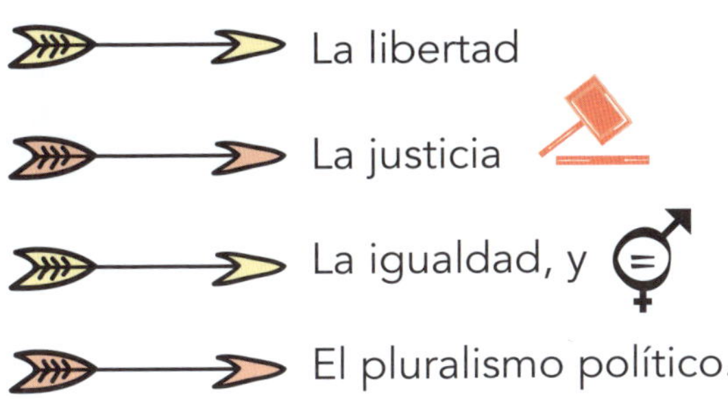

→ La libertad

→ La justicia

→ La igualdad, y

→ El pluralismo político.

2. La **soberanía nacional** reside en el **pueblo español**, del que emanan los **poderes del Estado**.

3. La **forma política** del Estado español es la **Monarquía** parlamentaria.

La Constitución **se fundamenta** en la **indisoluble unidad** de la **Nación española**, *patria común e indivisible de todos los españoles*, y **reconoce** y **garantiza** el **derecho** a la **autonomía** de las *nacionalidades y regiones* que la integran y la **solidaridad** entre todas ellas.

1. El **castellano** es la **lengua española oficial del Estado**. *Todos* los españoles tienen el **deber** de conocerla y el **derecho** a usarla.

2. Las **demás lenguas** españolas serán **también oficiales** en las respectivas Comunidades Autónomas de acuerdo con sus **Estatutos**.

3. La **riqueza** de las **distintas modalidades lingüísticas** de España es un **patrimonio cultural** que será objeto de especial **respeto** y **protección**.

1. La **bandera** de **España** está formada por **tres franjas horizontales**, **roja**, **amarilla** y **roja**, siendo la *amarilla de doble anchura* que cada una de las rojas.

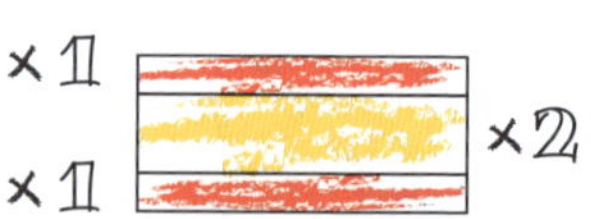

2. Los **Estatutos** podrán reconocer **banderas** y **enseñas propias** de las Comunidades Autónomas. Estas se utilizarán **junto** a la **bandera** de **España** en sus *edificios públicos* y en sus *actos oficiales*.

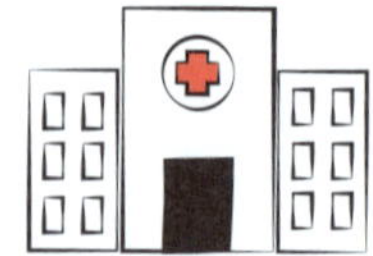 

La **capital** del Estado es la **villa** de **Madrid**

Los **partidos políticos expresan** el pluralismo político, **concurren** a la formación y manifestación de la voluntad popular y **son instrumento** fundamental para la participación política. Su **creación** y el **ejercicio** de su **actividad** son libres dentro del respeto a la Constitución y a la ley. Su **estructura interna** y **funcionamiento** deberán ser **democráticos**.

Artículo 7

Los **sindicatos** de trabajadores y las **asociaciones empresariales contribuyen** a la **defensa** y **promoción** de los **intereses económicos** y **sociales que les son propios**. Su **creación** y el **ejercicio** de su actividad son libres dentro del respeto a la Constitución y a la ley. Su **estructura** interna y **funcionamiento** deberán ser democráticos.

1. Las **Fuerzas Armadas**, constituidas por:

 El Ejército de Tierra

 La Armada y

 El Ejército del Aire

tienen como **misión**:

 **Garantizar** la soberanía e independencia de España

 **Defender** su:

 *Integridad territorial* y

 *El ordenamiento constitucional*

2. Una **ley orgánica regulará** las **bases de la organización militar** conforme a los *principios* de la presente *Constitución*.

1. Los **ciudadanos** y los **poderes públicos** están **sujetos** a la *Constitución* y al *resto del ordenamiento jurídico*.

 **o** Corresponde a los **poderes públicos**:

- **Promover** las condiciones para que la libertad y la igualdad del individuo y de los grupos en que se integra sean reales y efectivas

- **Remover** los obstáculos que impidan o dificulten su plenitud

- **Facilitar** la participación de todos los ciudadanos en la vida política, económica, cultural y social

 **o** La Constitución **garantiza**:

- El **principio de legalidad**

- La **jerarquía normativa**

- La **publicidad** de las **normas**

- La **irretroactividad** de las **disposiciones sancionadoras no favorables** o **restrictivas** de **derechos individuales**

- La **seguridad jurídica**

- La **responsabilidad,** y

- La **interdicción** de la **arbitrariedad** de los **poderes públicos**

CREE EN TI Y TODO será posible

ARTÍCULO	Leido	Subrayado	esquematizado	Repasado
1	☆☆☆	👍	◇	○○○○
2	☆☆☆	👍	◇	○○○○
3	☆☆☆	👍	◇	○○○○
4	☆☆☆	👍	◇	○○○○
5	☆☆☆	👍	◇	○○○○
6	☆☆☆	👍	◇	○○○○
7	☆☆☆	👍	◇	○○○○
8	☆☆☆	👍	◇	○○○○
9	☆☆☆	👍	◇	○○○○

Título Primero

De los derechos y deberes fundamentales

1. La **dignidad** de la **persona**, los **derechos inviolables** que le son **inherentes**, el **libre desarrollo** de la **personalidad**, el **respeto** a la **ley** y a los **derechos** de los **demás** son **fundamento del orden político y de la paz social.**

2. Las **normas** relativas a los **derechos fundamentales** y a las **libertades** que la Constitución reconoce **se interpretarán de conformidad** con la **Declaración Universal** de **Derechos Humanos** y los **tratados** y **acuerdos internacionales** sobre las mismas materias **ratificados** por **España**.

1. La **nacionalidad española** se

2. Ningún **español** de **origen** podrá ser **privado** de su **nacionalidad**.

3. El **Estado** podrá **concertar tratados** de **doble nacionalidad** con los países iberoamericanos o con aquellos que hayan tenido o tengan una particular vinculación con España. En estos mismos países, *aun cuando no reconozcan a sus ciudadanos un derecho recíproco*, podrán **naturalizarse los españoles sin perder su nacionalidad de origen**.

Artículo 12

Los españoles son **mayores** de **edad** a los **dieciocho años**.

Artículo 13

1. Los **extranjeros** gozarán en España de las **libertades públicas** que garantiza el presente **Título** en los **términos** que establezcan los **tratados y la ley**.

2. **Solamente los españoles** serán **titulares** de los **derechos reconocidos** en el artículo **23**, **salvo** lo que, atendiendo a criterios de **reciprocidad**, pueda establecerse por tratado o ley para el derecho de sufragio activo y pasivo en las elecciones municipales.

3. La **extradición** sólo se concederá en **cumplimiento** de un **tratado** o de la **ley**, atendiendo al principio de **reciprocidad**. Quedan excluidos de la extradición los delitos políticos, no considerándose como tales los actos de terrorismo.

4. La ley establecerá los términos en que los ciudadanos de otros países y los apátridas podrán gozar del **derecho de asilo** en España.

Este artículo incluye la primera reforma constitucional promulgada el 27 de agosto de 1992. B.O.E., núm. 207, de 28 de agosto de 1992

ARTÍCULO	Leido	Subrayado	esquematizado	Repasado
10	☆☆☆	👍	◇	○○○○
11	★★★	👍	◇	○○○○
12	☆☆☆	👍	◇	○○○○
13	★★★	👍	◇	○○○○

Artículo 14

Los **españoles** son **iguales ante la ley**, sin que pueda prevalecer discriminación alguna por razón de:

 Nacimiento

 Raza

 Sexo

 Religión

 Opinión o

 Cualquier **otra condición** o **circunstancia** *personal o social*

SECCIÓN 1ª De los derechos fundamentales y de las libertades públicas

Artículo 15

Todos tienen **derecho a la vida y a la integridad física y moral**, sin que, **en ningún caso**, puedan ser **sometidos** a tortura ni a penas o tratos inhumanos o degradantes. Queda **abolida** la **pena de muerte**, *salvo* lo que puedan disponer las *leyes penales militares para tiempos de guerra.*

Artículo 16

1. Se garantiza **la libertad ideológica, religiosa y de culto** de los individuos y las comunidades sin más limitación, en sus manifestaciones, que la necesaria para el mantenimiento del orden público protegido por la ley.

2. **Nadie** podrá ser **obligado** a **declarar** sobre su ideología, religión o creencias.

3. **Ninguna confesión** tendrá carácter **estatal**.

Los **poderes públicos tendrán en cuenta** las *creencias religiosas de la sociedad española y mantendrán las consiguientes relaciones de cooperación con la Iglesia Católica y las demás confesiones.*

Artículo 17

1. **Toda persona** tiene **derecho** a la **libertad** y a la **seguridad**. **Nadie** puede ser privado de su libertad, sino con la observancia de lo establecido en este artículo y en los casos y en la forma previstos en **la ley**.

2. La **detención preventiva** no podrá durar más del tiempo **estrictamente necesario** para la realización de las averiguaciones tendentes al esclarecimiento de los hechos, y, en todo caso, en el plazo máximo de **setenta y dos horas**, el detenido deberá ser puesto en **libertad** o a **disposición** de la autoridad **judicial**.

3. Toda persona detenida debe ser **informada de forma inmediata**, y de modo que le sea **comprensible**, de sus derechos y de las razones de su detención, **no pudiendo ser obligada a declarar**. Se garantiza la asistencia de *abogado* al detenido en las *diligencias policiales y judiciales*, en los *términos* que la ley establezca.

4. La ley regulará un procedimiento de «habeas corpus» para producir la *inmediata puesta a disposición judicial de toda persona detenida ilegalmente*. Asimismo, por ley se determinará el plazo máximo de duración de la **prisión provisional**.

Artículo 18

1. Se garantiza el **derecho al honor, a la intimidad personal y familiar** y a la **propia imagen**.

2. El **domicilio es inviolable. Ninguna entrada o registro** podrá hacerse en él *sin consentimiento del titular o resolución judicial, salvo* en caso de *flagrante delito*.

3. Se garantiza el **secreto** de las **comunicaciones** y, en especial, de:

 Las postales

 Las telegráficas

Las telefónicas

4. La **ley limitará el uso de la informática** para garantizar el honor y la intimidad personal y familiar de los ciudadanos y el pleno ejercicio de sus derechos.

Artículo 19

Los españoles tienen **derecho** a **elegir libremente** su **residencia** y a **circular** por el **territorio nacional**.

Asimismo, tienen derecho a **entrar y salir libremente de España** en los términos que **la ley** establezca.

Este derecho **no podrá ser limitado** por motivos **políticos** o **ideológicos**.

ARTÍCULO	Leido	Subrayado	esquematizado	Repasado
14	☆☆☆	👍	◇	○○○○
15	☆☆☆	👍	◇	○○○○
16	☆☆☆	👍	◇	○○○○
17	☆☆☆	👍	◇	○○○○
18	☆☆☆	👍	◇	○○○○
19	☆☆☆	👍	◇	○○○○

1. Se reconocen y protegen los derechos:

A expresar y difundir libremente los **pensamientos, ideas** y **opiniones** mediante la *palabra*, el *escrito* o *cualquier otro medio de reproducción*.

A la **producción** y **creación** *literaria, artística, científica* y *técnica*.

A la **libertad** de *cátedra*.

A **comunicar o recibir libremente** *información veraz* por cualquier medio de difusión. **La ley** regulará el derecho a la *cláusula de conciencia y al secreto profesional* en el ejercicio de estas libertades.

2. El **ejercicio** de estos **derechos no puede restringirse** mediante ningún tipo de **censura previa**.

 **La ley** regulará la **organización** y el **control parlamentario** de los **medios** de **comunicación social dependientes** del Estado o de cualquier ente público y **garantizará el acceso** a dichos medios de los grupos sociales y políticos significativos, **respetando** el *pluralismo de la sociedad* y de las *diversas lenguas* de España.

Estas **libertades** tienen **su límite** en el respeto a los derechos reconocidos en este Título, en los preceptos de **las leyes** que lo desarrollen y, especialmente, en:

 El derecho al honor

 A la intimidad

 A la propia imagen y

 A la protección de la juventud y de la infancia

 **Sólo** podrá acordarse el **secuestro** de

 Publicaciones

 Grabaciones y

 Otros medios de información

1.º Se reconoce el **derecho de reunión pacífica y sin armas**. El ejercicio de este derecho **no necesitará autorización previa**.

2.º En los casos de **reuniones** en **lugares de tránsito público y manifestaciones** se dará **comunicación previa a la autoridad**, que **sólo** podrá **prohibirlas** cuando existan **razones fundadas** de *alteración del orden público*, con *peligro* para *personas* o *bienes*.

1.º Se reconoce el **derecho de asociación**.

2.º Las asociaciones que **persigan fines** o utilicen **medios tipificados** como **delito** son **ilegales**.

3.º Las asociaciones constituidas al amparo de este artículo deberán inscribirse en un **registro** a los solos **efectos de publicidad**.

4.º Las asociaciones **sólo** podrán ser **disueltas** o **suspendidas** en sus actividades en virtud de **resolución judicial motivada**.

 **5.** **Se prohíben** las asociaciones **secretas** y las de carácter **paramilitar**.

1. Los ciudadanos tienen el derecho a participar en los **asuntos públicos**, directamente o por medio de representantes, **libremente elegidos** en elecciones periódicas por sufragio universal.

 **2.** Asimismo, tienen derecho a acceder en condiciones de **igualdad** a las **funciones** y **cargos públicos**, con los requisitos que señalen **las leyes**.

1. Todas las personas tienen derecho a obtener la **tutela efectiva** de los **jueces y tribunales** en el ejercicio de sus **derechos** e **intereses legítimos**, sin que, **en ningún caso**, pueda producirse **indefensión**.

 **2.** Asimismo, todos tienen derecho:

 Al **Juez ordinario** predeterminado por **la ley**

 A la **defensa** y a la **asistencia** de **letrado**

 A ser **informados** de la **acusación formulada** contra ellos

 A un **proceso público** *sin dilaciones indebidas* y con todas las *garantías*

 A utilizar los **medios de prueba pertinentes** para su *defensa*

 A **no declarar** *contra sí mismos*

 A **no confesarse** *culpables* y

 A la **presunción** de **inocencia**

regulará los casos en que, por razón de parentesco o de secreto profesional, **no** se estará **obligado** a **declarar** sobre **hechos presuntamente delictivos**.

1. **Nadie** puede ser condenado o sancionado por **acciones u omisiones** que en el **momento** de **producirse no constituyan** *delito, falta o infracción* administrativa, según la **legislación vigente** en aquel momento.

2. Las penas privativas de libertad y las medidas de seguridad estarán **orientadas** hacia la **reeducación** y **reinserción social** y **no podrán consistir** en *trabajos forzados*. El **condenado** a pena de prisión que estuviere cumpliendo la misma gozará de los **derechos fundamentales** de este Capítulo, a **excepción** de los que se vean **expresamente limitados** por el contenido del **fallo condenatorio**, el **sentido de la pena** y la **ley penitenciaria**. En todo caso, tendrá *derecho* a un *trabajo remunerado* y a los beneficios correspondientes de la *Seguridad Social*, así como al acceso a la *cultura* y al *desarrollo integral* de su *personalidad*.

3. La **Administración civil no** podrá imponer sanciones que, directa o subsidiariamente, impliquen privación de libertad.

Se **prohíben** los **Tribunales de Honor** en el ámbito de la *Administración civil* y de las *organizaciones profesionales*.

1. **Todos** tienen el derecho a la **educación**. Se reconoce la **libertad** de **enseñanza**.

2. La educación tendrá **por objeto** el **pleno desarrollo** de la *personalidad humana* en el **respeto** a los principios democráticos de *convivencia* y a los derechos y *libertades fundamentales*.

3. Los **poderes públicos garantizan** el derecho que asiste a los padres para que sus hijos reciban la **formación religiosa y moral** que esté de acuerdo con sus propias convicciones.

4. La enseñanza **básica** es **obligatoria y gratuita**.

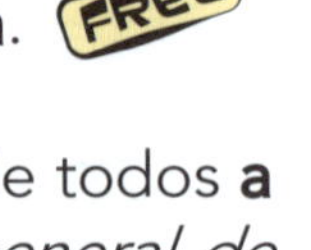

5. Los **poderes públicos garantizan** el derecho de todos **a la educación**, mediante una *programación general de la enseñanza*, con participación efectiva de todos los sectores afectados y la creación de centros docentes.

 Se reconoce a las **personas físicas y jurídicas** la libertad de **creación de centros docentes**, dentro del respeto a los *principios constitucionales*.

 Los profesores, los padres y, en su caso, los alumnos intervendrán en el **control y gestión de todos los centros sostenidos** por la **Administración** con **fondos públicos**, en los términos que **la ley** *establezca*.

 **Los poderes públicos inspeccionarán y homologarán** el **sistema educativo** para garantizar el cumplimiento de **las leyes**.

Los poderes públicos ayudarán a los **centros docentes** que reúnan los requisitos que **la ley** *establezca*.

Se reconoce la **autonomía de las Universidades**, en los términos que **la ley** establezca.

 **Todos** tienen derecho a **sindicarse libremente**. **La ley**:

➤—▷ Podrá **limitar** o **exceptuar** el ejercicio de este derecho a las *Fuerzas o Institutos armados* o a los demás Cuerpos *sometidos a disciplina militar,* y

➤—▷ **Regulará** las **peculiaridades** de su ejercicio para los funcionarios públicos

La libertad sindical **comprende**:

 El derecho a **fundar sindicatos**

 **A afiliarse** al de su elección,

 Así como el derecho de los sindicatos a formar **confederaciones** y a formar **organizaciones sindicales internacionales** o a **afiliarse** a las **mismas**

2. Se reconoce el derecho a la **huelga** de los trabajadores para la defensa de sus intereses. **La ley** que regule el ejercicio de este derecho establecerá las **garantías precisas** para **asegurar** el *mantenimiento de los servicios esenciales de la comunidad.*

1. **Todos los españoles** tendrán el derecho de *petición individual y colectiva, por escrito,* en la *forma* y con los *efectos* que determine **la ley**.

2. Los **miembros** de las **Fuerzas** o **Institutos armados** o de los **Cuerpos sometidos a disciplina** militar podrán ejercer este derecho **sólo individualmente** y con arreglo a lo dispuesto en su **legislación específica**.

De los derechos y deberes de los ciudadanos

1. Los **españoles** tienen **el derecho y el deber** de defender a *España*.

2. **La ley** fijará las **obligaciones militares** de los españoles y regulará, con las debidas garantías, la **objeción de conciencia**, así como las demás causas de exención del *servicio militar obligatorio*, pudiendo imponer, en su caso, una *prestación social sustitutoria*.

3. Podrá establecerse un **servicio civil** para el **cumplimiento** de **fines** de interés general.

4. Mediante **ley** podrán regularse los **deberes de los ciudadanos** en los casos de:

 *Grave riesgo,*

 *Catástrofe o*

 *Calamidad pública*

1. **Todos contribuirán** al **sostenimiento** de los **gastos públicos** de acuerdo con su *capacidad económica* mediante un **sistema tributario justo** inspirado en los *principios* de *igualdad* y *progresividad* que, **en ningún caso**, tendrá alcance *confiscatorio*.

2. El **gasto público** realizará una **asignación equitativa** de los recursos públicos, y su **programación** y **ejecución** responderán a los **criterios** de *eficiencia* y *economía*.

3. **Sólo** podrán establecerse **prestaciones personales** o **patrimoniales** de carácter **público** con arreglo a **la ley**.

1. El **hombre** y la **mujer** tienen derecho a contraer **matrimonio** con **plena igualdad jurídica**.

2. **La ley** regulará:

 Las **formas** de matrimonio

 La *edad* y *capacidad* **para contraerlo**

 Los **derechos y deberes** de los *cónyuges*

 Las **causas** de *separación* y *disolución* y sus *efectos*

ARTÍCULO	Leido	Subrayado	esquematizado	Repasado
26	☆☆☆	👍	◇	○○○○
27	☆☆☆	👍	◇	○○○○
28	☆☆☆	👍	◇	○○○○
29	☆☆☆	👍	◇	○○○○
30	☆☆☆	👍	◇	○○○○
31	☆☆☆	👍	◇	○○○○
32	☆☆☆	👍	◇	○○○○

Artículo 33

1.  **Se reconoce** el **derecho** a la **propiedad privada** y a la herencia.

2. La **función social** de estos derechos **delimitará** su contenido, de acuerdo con las leyes.

3. **Nadie** podrá ser **privado** de sus **bienes y derechos** sino por **causa justificada** de *utilidad pública* o *interés social*, mediante la correspondiente **indemnización** y de conformidad con lo dispuesto por **las leyes**.

Artículo 34

1.  **Se reconoce** el derecho de **fundación** para **fines** de **interés general**, con arreglo a **la ley**.

2.  Regirá **también** para las **fundaciones** lo dispuesto en los apartados **2 y 4 del artículo 22**.

1. Todos los españoles tienen:

 El **deber** de **trabajar** y el **derecho** al **trabajo**

 A la **libre elección** de **profesión** u **oficio**

 A la **promoción** a través del trabajo, y

 A una **remuneración suficiente** para satisfacer sus necesidades y las de su familia

sin que **en ningún caso** pueda hacerse **discriminación** por razón de **sexo**.

2. **La ley** regulará un estatuto de los trabajadores.

La ley regulará las *peculiaridades propias* del régimen jurídico de los **Colegios Profesionales** y el ejercicio de las profesiones tituladas. La **estructura interna** y el **funcionamiento** de los Colegios deberán *ser democráticos*.

1.º **La ley garantizará** el derecho a la **negociación colectiva laboral** entre los representantes de los trabajadores y empresarios, así como la *fuerza vinculante de los convenios*.

2.º **Se reconoce** el derecho de los *trabajadores* y *empresarios* a adoptar **medidas de conflicto colectivo**. **La ley que regule** el ejercicio de este derecho, sin perjuicio de las *limitaciones* que puedan establecer, *incluirá las garantías precisas* para **asegurar** el *funcionamiento* de los **servicios esenciales** de la comunidad.

Se reconoce la **libertad de empresa** en el marco de la *economía* de *mercado*. Los **poderes públicos garantizan y protegen** su *ejercicio* y la *defensa* de la *productividad*, de acuerdo con las **exigencias** de la *economía general* y, en su caso, de la **planificación**.

ARTÍCULO	Leido	Subrayado	esquematizado	Repasado
33	★★★	👍	◇	○○○○
34	★★★	👍	◇	○○○○
35	★★★	👍	◇	○○○○
36	★★★	👍	◇	○○○○
37	★★★	👍	◇	○○○○
38	★★★	👍	◇	○○○○

Artículo 39

1. Los **poderes públicos aseguran** la **protección social**, económica y **jurídica** de la **familia**.

2. Los **poderes públicos aseguran**, asimismo, la **protección integral** de los **hijos**, iguales éstos ante **la ley** con independencia de su filiación, **y de las madres**, cualquiera que sea su estado civil. **La ley** posibilitará la **investigación** de la **paternidad**.

3. Los **padres** deben prestar **asistencia** de todo orden a los **hijos** habidos *dentro o fuera del matrimonio*, **durante** su **minoría de edad** y en los *demás casos* en que **legalmente proceda**.

4. Los **niños gozarán** de la **protección** prevista en los **acuerdos internacionales** que velan por **sus derechos**.

Artículo 40

1. Los **poderes públicos promoverán** las **condiciones favorables** para el **progreso social y económico** y para una **distribución** de la **renta** *regional* y *personal más equitativa*, en el marco de una *política de estabilidad económica*. De manera **especial** realizarán una **política** orientada al *pleno empleo*.

2. Asimismo, los **poderes públicos fomentarán** una **política** que **garantice** la *formación y readaptación profesionales*; **velarán** por la **seguridad e higiene** en el trabajo y **garantizarán** el **descanso necesario**, mediante la **limitación** de la jornada laboral, las **vacaciones** *periódicas* **retribuidas** y la *promoción de centros adecuados*.

Los **poderes públicos mantendrán** un régimen público de **Seguridad Social** para **todos los ciudadanos**, que garantice la *asistencia y prestaciones sociales suficientes* ante situaciones de necesidad, *especialmente* en caso de desempleo. La asistencia y prestaciones **complementarias** serán **libres**.

El Estado velará especialmente por la *salvaguardia* de los *derechos* económicos y sociales de los trabajadores **españoles en el extranjero** y *orientará* su **política** hacia su *retorno*.

1. **Se reconoce** el derecho a la **protección de la salud**.

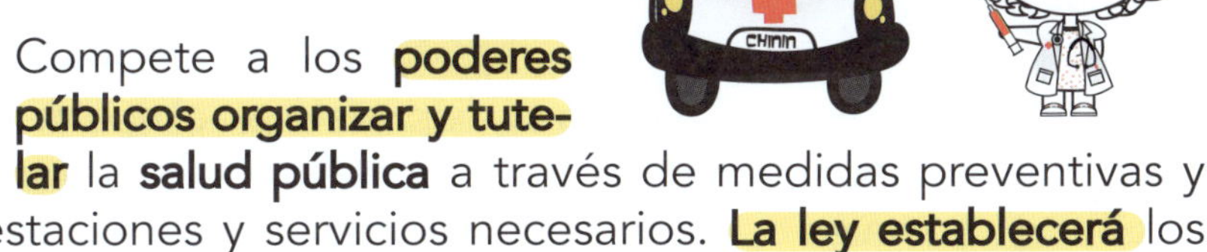

2. Compete a los **poderes públicos organizar y tutelar** la **salud pública** a través de medidas preventivas y de las prestaciones y servicios necesarios. **La ley establecerá** los derechos y deberes de todos al respecto.

3. Los **poderes públicos fomentarán** la *educación sanitaria*, la educación *física* y el *deporte*.

Asimismo facilitarán la *adecuada utilización* del **ocio**.

1. Los **poderes públicos promoverán y tutelarán** el **acceso** a la **cultura**, a la que todos tienen *derecho*.

2. Los **poderes públicos promoverán** la **ciencia** y la **investigación científica** y **técnica** en beneficio del *interés general*.

1. **Todos** tienen el **derecho** a disfrutar de un **medio ambiente** adecuado para el *desarrollo* de la persona, así como el **deber** de *conservarlo*.

2. Los **poderes públicos velarán** por la *utilización racional* de todos los **recursos naturales**, con el fin de proteger y mejorar la calidad de la vida y defender y restaurar el medio ambiente, apoyándose en la indispensable **solidaridad colectiva**.

3. Para quienes **violen** lo dispuesto en el apartado anterior, en los términos que la ley fije se establecerán **sanciones penales** o, en su caso, **administrativas**, así como la obligación de **reparar** el daño causado.

Artículo 46

Los **poderes públicos garantizarán** la **conservación** y **promoverán** el enriquecimiento del **patrimonio** *histórico, cultural y artístico* de los pueblos de España y de los *bienes* que lo integran, cualquiera que sea su *régimen jurídico* y su *titularidad*. **La ley** penal sancionará los **atentados** contra este patrimonio.

ARTÍCULO	Leído	Subrayado	ESQUEMATIZADO	Repasado
39	☆☆☆	👍	◇	○○○○
40	☆☆☆	👍	◇	○○○○
41	☆☆☆	👍	◇	○○○○
42	☆☆☆	👍	◇	○○○○
43	☆☆☆	👍	◇	○○○○
44	☆☆☆	👍	◇	○○○○
45	☆☆☆	👍	◇	○○○○
46	☆☆☆	👍	◇	○○○○

Todos los españoles tienen **derecho** a disfrutar de una *vivienda digna y adecuada*. Los **poderes públicos promoverán** las condiciones necesarias y establecerán las normas pertinentes para hacer efectivo este derecho, *regulando* la *utilización* del suelo de acuerdo con el interés general para impedir la *especulación*.

La **comunidad** participará en las **plusvalías** que genere la **acción urbanística** de los entes públicos.

Los **poderes públicos promoverán** las condiciones para la *participación* **libre** y **eficaz** de la **juventud** en el desarrollo:

 Político

 Social

 Económico, y

 Cultural

Artículo 49

(Este artículo fue objeto de la tercera reforma constitucional promulgada el 15 de febrero de 2024. B.O.E., núm. 43, de 17 de febrero de 2024).

1.º Las personas con **discapacidad** ejercen los **derechos** previstos en este **Título** en condiciones de **libertad** e **igualdad reales y efectivas**. Se **regulará** por **ley** la **protección especial** que sea necesaria para dicho ejercicio.

2.º Los **poderes públicos** impulsarán las **políticas** que garanticen la **plena autonomía personal** y la **inclusión social** de las personas con **discapacidad**, en **entornos universalmente accesibles**. Asimismo, fomentarán la **participación** de sus **organizaciones**, en los términos que la **ley** establezca. Se atenderán particularmente las **necesidades específicas** de las **mujeres** y los **menores** con discapacidad.

ESTE Y TODOS LOS ARTÍCULOS DE LA CONSTITUCIÓN ESTÁN EN NUESTRO LIBRO DE ESQUEMAS…

resumido, visual y sin bostezos.

¡ESTUDIAR NUNCA FUE TAN FÁCIL!

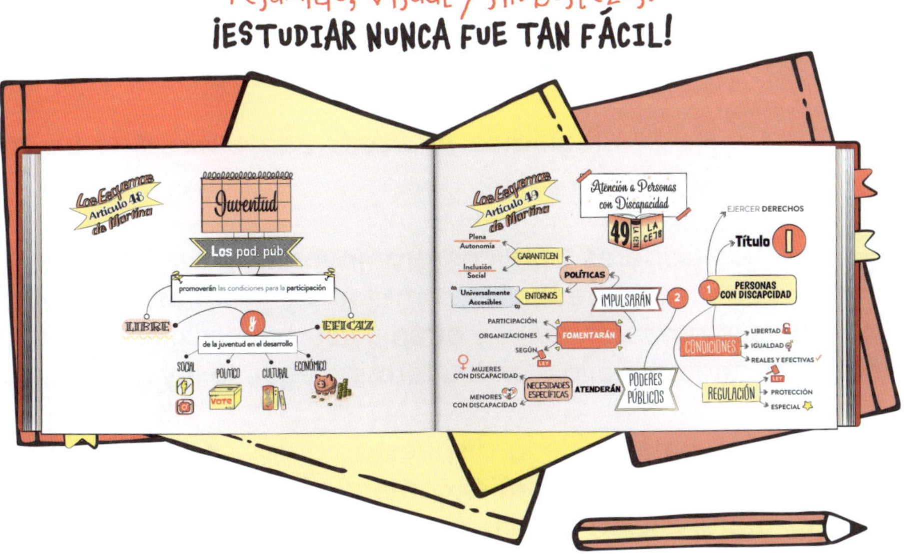

Artículo 50

Los **poderes públicos garantizarán**, mediante **pensiones** *adecuadas* y periódicamente *actualizadas*, la *suficiencia económica* a los ciudadanos durante la **tercera edad**. Asimismo, y con independencia de las obligaciones familiares, **promoverán** su bienestar mediante un sistema de *servicios sociales* que atenderán sus problemas específicos de **salud**, **vivienda**, **cultura** y **ocio**.

Artículo 51

1. Los **poderes públicos garantizarán** la defensa de los **consumidores** y **usuarios**, protegiendo, mediante *procedimientos eficaces*:

 La **seguridad**

 La **salud**, y

 Los **legítimos** *intereses económicos* de los mismos

2. Los **poderes públicos promoverán** la *información* y la *educación* de los consumidores y usuarios, **fomentarán** sus *organizaciones* y **oirán** a éstas en las cuestiones que puedan afectar a aquéllos, en los términos que **la ley** establezca.

3. En el marco de lo dispuesto por los apartados anteriores, **la ley regulará** el **comercio interior** y el régimen de **autorización** de *productos comerciales*.

La ley regulará las **organizaciones profesionales** que contribuyan a la defensa de los intereses económicos que les sean propios.

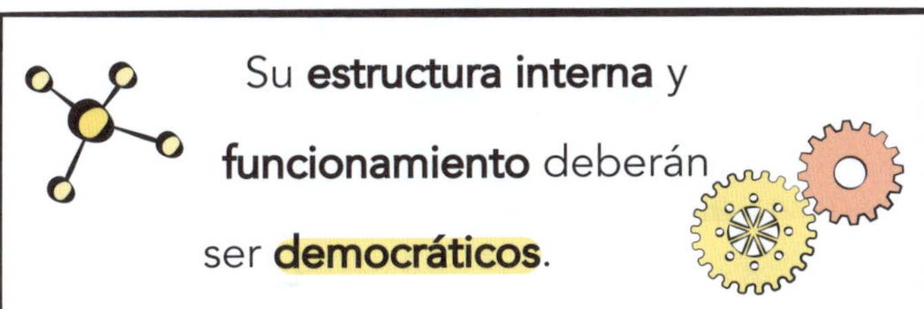

1. Los derechos y libertades reconocidos en el Capítulo segundo del presente Título **vinculan** a **todos** los **poderes públicos**. Sólo **por ley**, que en todo caso deberá respetar su contenido esencial, podrá regularse el ejercicio de tales derechos y libertades, que se tutelarán de acuerdo con lo previsto en el artículo 161.1.*a*).

2. Cualquier **ciudadano** podrá recabar la **tutela** de las libertades y derechos reconocidos en el *artículo 14* y la *Sección primera* del *Capítulo segundo* ante los Tribunales ordinarios por un procedimiento basado en los principios de preferencia y sumariedad y, en su caso, a través del recurso de **amparo** ante el Tribunal Constitucional. Este último recurso será aplicable a la objeción de conciencia reconocida en el artículo 30.

 El **reconocimiento**, el **respeto** y la **protección** de los principios reconocidos en el Capítulo tercero **informarán**:

 La **legislación** *positiva*

 La **práctica** *judicial,* y

 La **actuación** de los *poderes públicos*

Sólo podrán ser **alegados** ante la *Jurisdicción ordinaria* de acuerdo con lo que dispongan las **leyes** que los **desarrollen**.

Una **ley orgánica** regulará la institución del **Defensor del Pueblo**, como alto comisionado de las Cortes Generales, designado por éstas para la *defensa* de los *derechos* comprendidos en este *Título*, a cuyo efecto podrá **supervisar** la *actividad* de la *Administración*, dando cuenta a las *Cortes Generales*.

Artículo 55

1. Los derechos reconocidos en los artículos:

- **17**
- **18 (apartados 2 y 3)**
- **19**
- **20 [apartados 1, a) y d), y 5]**
- **21**
- **28 (apartado 2)**
- **37 (apartado 2)**

podrán ser **suspendidos** cuando se *acuerde* la *declaración* del estado de **excepción** o de **sitio** en los términos previstos en la *Constitución*.

MUY IMPORTANTE

Se **exceptúa** de lo establecido **anteriormente** el apartado **3 del artículo 17** para el supuesto de declaración de estado de **excepción**.

2.º Una **ley orgánica** podrá determinar la forma y los casos en los que, de forma **individual** y con la necesaria *intervención judicial* y el adecuado *control parlamentario*, los derechos reconocidos en los artículos:

17 (apartado 2)

18 (apartados 2 y 3)

pueden ser suspendidos para **personas determinadas**, en relación con las **investigaciones** correspondientes a la actuación de **bandas armadas** o **elementos terroristas**.

La utilización **injustificada o abusiva** de las **facultades** reconocidas en dicha ley orgánica producirá responsabilidad **penal**, como *violación* de los *derechos* y *libertades* reconocidos por las *leyes*.

todo parece IMPOSIBLE hasta que SE HACE

ARTÍCULO	Leído	Subrayado	esquematizado	Repasado
47	★★★	👍	◇	○○○○
48	★★★	👍	◇	○○○○
49	★★★	👍	◇	○○○○
50	★★★	👍	◇	○○○○
51	★★★	👍	◇	○○○○
52	★★★	👍	◇	○○○○
53	★★★	👍	◇	○○○○
54	★★★	👍	◇	○○○○
55	★★★	👍	◇	○○○○

Título
Segundo
De la Corona

1. El **Rey** es el **Jefe del Estado**, **símbolo** de su **unidad** y **permanencia**:

- **Arbitra y modera** el *funcionamiento regular* de las *instituciones*

- **Asume** la *más alta representación* del *Estado* español en las relaciones internacionales, especialmente con las naciones de su comunidad histórica

- **Ejerce** las *funciones* que le atribuyen expresamente la *Constitución* y las *leyes*

2. Su **título** es el de **Rey** de **España** y podrá utilizar los **demás** que correspondan a la **Corona**.

3. La **persona** del **Rey** es **inviolable** y **no** está **sujeta** a responsabilidad.

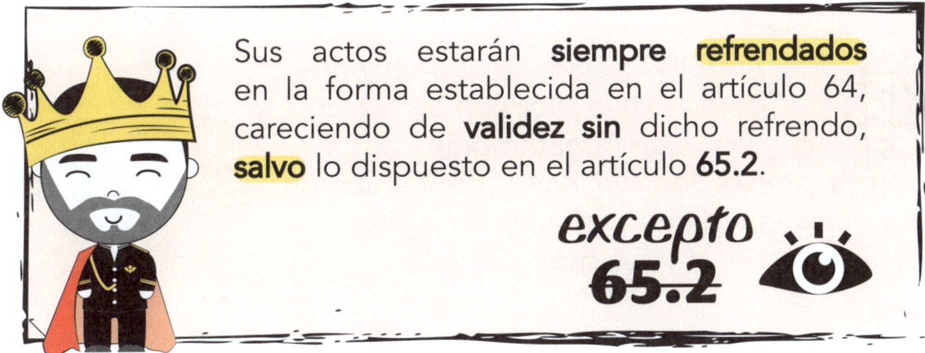

Artículo 57

1.º La **Corona** de España es **hereditaria** en los **sucesores** de **S.M. Don Juan Carlos I de Borbón**, legítimo heredero de la dinastía histórica. La **sucesión** en el **trono** seguirá el *orden regular de primogenitura y representación*, siendo preferida:

- Siempre la línea anterior a las posteriores

- En la **misma línea**, el grado **más próximo** al más remoto

- En el **mismo grado**, el **varón** a la mujer, y

- En el **mismo sexo**, la persona de **más edad** a la de menos.

2.º El **Príncipe heredero**, desde su nacimiento o desde que se produzca el hecho que origine el llamamiento, tendrá la **dignidad** de **Príncipe** de **Asturias** y los **demás títulos** vinculados tradicionalmente al sucesor de la Corona de España.

3.º **Extinguidas** todas las **líneas** llamadas en Derecho, las **Cortes Generales proveerán** a la **sucesión** en la Corona en la forma que más convenga a los intereses de España.

4.º Aquellas personas que teniendo **derecho** a la **sucesión** en el trono contrajeren **matrimonio** contra la **expresa prohibición** del Rey y de las Cortes Generales, quedarán excluidas en la sucesión a la Corona por sí y sus descendientes.

5. Las **abdicaciones** y **renuncias** y cualquier duda de hecho o de derecho que ocurra en el orden de sucesión a la Corona se resolverán por una **ley orgánica**.

La **Reina consorte** o el **consorte** de la **Reina no** podrán asumir **funciones constitucionales**, **salvo** lo dispuesto para la **Regencia**.

1. Cuando el **Rey fuere menor de edad**, el **padre** o la **madre** del Rey y, en su defecto, el **pariente mayor** de **edad más próximo** a suceder en la Corona, según el orden establecido en la Constitución, entrará a ejercer **inmediatamente** la **Regencia** y la ejercerá *durante* el *tiempo* de la *minoría* de edad del Rey.

2. Si el **Rey se inhabilitare** para el ejercicio de su autoridad y la **imposibilidad** fuere **reconocida** por las **Cortes Generales**, entrará a ejercer **inmediatamente** la **Regencia** el **Príncipe** heredero de la Corona, **si** fuere **mayor** de **edad**. Si **no** lo fuere, se procederá de la manera *prevista* en el apartado *anterior*, *hasta* que el Príncipe heredero alcance la *mayoría* de edad.

3. Si **no** hubiere ninguna **persona** a quien corresponda la **Regencia**, ésta será nombrada por las **Cortes Generales**, y se compondrá de *una*, *tres* o *cinco personas*.

 **4.** Para ejercer la **Regencia** es preciso ser *español y mayor de edad*.

 **5.** La **Regencia** se ejercerá por *mandato constitucional* y siempre en *nombre* del *Rey*.

 **1.** Será **tutor** del **Rey menor** la **persona** que en su testamento hubiese nombrado el **Rey difunto**, siempre que sea **mayor de edad** y **español de nacimiento**; si no lo hubiese nombrado, será tutor el padre o la madre mientras permanezcan viudos. En su defecto, lo nombrarán las **Cortes Generales**, pero *no podrán* acumularse los cargos de *Regente* y de *tutor* sino en el *padre*, *madre* o *ascendientes directos* del Rey.

2. El ejercicio de la tutela es también **incompatible** con el de todo *cargo* o *representación política*.

ARTÍCULO	Leído	Subrayado	Esquematizado	Repasado
56	☆☆☆	👍	◇	○○○○
57	☆☆☆	👍	◇	○○○○
58	☆☆☆	👍	◇	○○○○
59	☆☆☆	👍	◇	○○○○
60	☆☆☆	👍	◇	○○○○

Artículo 61

1.º El **Rey**, al ser **proclamado** ante las **Cortes Generales**, prestará **juramento** de desempeñar *fielmente* sus funciones, *guardar* y hacer guardar la Constitución y las leyes y *respetar* los derechos de los ciudadanos y de las Comunidades Autónomas.

2.º El **Príncipe heredero**, al alcanzar la **mayoría** de edad, y el **Regente** o Regentes al hacerse cargo de sus funciones, prestarán el **mismo juramento**, así como el de fidelidad al Rey.

Artículo 62

Corresponde al Rey:

a Sancionar y **promulgar** las *leyes*.

B Convocar y **disolver** las *Cortes Generales* y **convocar** *elecciones* en los términos previstos en la Constitución.

C Convocar a *referéndum* en los casos previstos en la Constitución.

D Proponer el *candidato* a *Presidente* del *Gobierno* y, en su caso, **nombrarlo**, así como **poner fin** a sus funciones en los términos previstos en la Constitución.

e Nombrar y **separar** a los *miembros* del Gobierno, a propuesta de su Presidente.

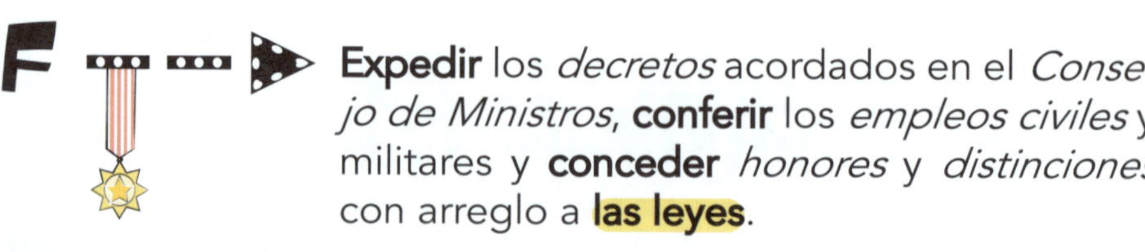

Expedir los *decretos* acordados en el *Consejo de Ministros*, **conferir** los *empleos civiles* y militares y **conceder** *honores* y *distinciones* con arreglo a las leyes.

Ser informado de los **asuntos de Estado** y **presidir**, a estos efectos, las sesiones del **Consejo de Ministros**, cuando lo estime oportuno, a *petición* del *Presidente del Gobierno*.

El **mando** *supremo* de las *Fuerzas Armadas*.

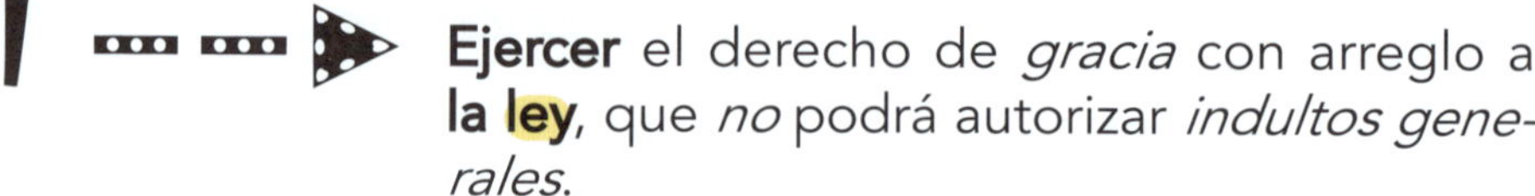

Ejercer el derecho de *gracia* con arreglo a la ley, que *no* podrá autorizar *indultos generales*.

El **Alto Patronazgo** de *las Reales Academias*.

Artículo 63

1. El Rey acredita a los **embajadores** y otros representantes **diplomáticos**. Los representantes extranjeros en España están acreditados **ante él**.

2. Al Rey corresponde manifestar el consentimiento del *Estado* para *obligarse internacionalmente* por medio de tratados, de conformidad con la Constitución y las leyes.

3. Al Rey corresponde, previa **autorización** de las **Cortes Generales**, **declarar** la guerra y hacer la paz.

Artículo 64

1. Los **actos** del **Rey** serán **refrendados** por el **Presidente** del **Gobierno** y, en su caso, por los **Ministros** competentes.

La **propuesta** y el **nombramiento** del **Presidente** del Gobierno, y la **disolución** prevista en el artículo **99**, serán **refrendados** por el **Presidente del Congreso**.

2. De los **actos** del **Rey** serán **responsables** las *personas* que los *refrenden*.

Artículo 65

1. El **Rey recibe** de los **Presupuestos** del Estado una **cantidad global** para el **sostenimiento** de su *Familia* y *Casa*, y *distribuye* libremente la misma.

2. El Rey **nombra** y **releva libremente** a los miembros *civiles* y *militares* de su Casa.

LO ÚNICO imposible ES AQUELLO que no intentas

ARTÍCULO	Leido	Subrayado	esquematizado	Repasado
61	☆☆☆	👍	◇	○○○○
62	☆☆☆	👍	◇	○○○○
63	☆☆☆	👍	◇	○○○○
64	☆☆☆	👍	◇	○○○○
65	☆☆☆	👍	◇	○○○○

Título Tercero

Artículo 66

1. Las Cortes Generales **representan** al pueblo español y están **formadas** por el *Congreso* de los Diputados y el *Senado*.

2. Las Cortes Generales:

 *Ejercen* la **potestad legislativa** del Estado

 *Aprueban* sus **Presupuestos**

 **Controlan** la *acción del Gobierno*

y tienen las demás *competencias* que les atribuya la *Constitución*.

3. Las Cortes Generales son **inviolables**. 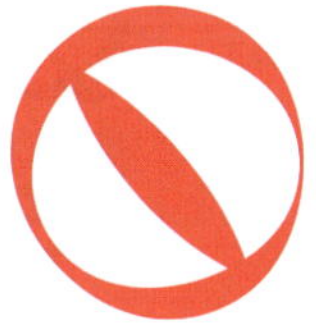

Artículo 67

1.º **Nadie** podrá ser **miembro** de las dos *Cámaras* **simultáneamente**, ni **acumular** el acta de una *Asamblea de Comunidad Autónoma* con la de *Diputado al Congreso*.

NOTA MARTINA

Sí se puede acumular acta de Asamblea de Comunidad Autónoma con la del Senado.

2.º  Los **miembros** de las **Cortes Generales** **no** estarán **ligados** por *mandato imperativo*.

3.º  Las **reuniones** de Parlamentarios que se celebren **sin** convocatoria **reglamentaria**:

 **No vincularán** a las Cámaras, y

 **No** podrán **ejercer** sus **funciones** ni ostentar sus **privilegios**.

1. El Congreso se compone de un **mínimo** de **300** y un **máximo** de **400** Diputados, elegidos por sufragio:

2. La **circunscripción electoral** es la **provincia.**

Las poblaciones de **Ceuta** y **Melilla** estarán representadas **cada** una de ellas por **un Diputado.**

La ley distribuirá el número total de Diputados, asignando una representación **mínima inicial** a cada circunscripción y distribuyendo los **demás** en **proporción** a la **población.**

3. La **elección** se verificará en **cada circunscripción** atendiendo a criterios de representación **proporcional.**

 **4.** El **Congreso** es elegido por **cuatro años**. El mandato de los Diputados termina:

- Cuatro años después de su elección o

- El día de la disolución de la Cámara.

 **5.** Son **electores** y **elegibles** todos los españoles que estén en pleno uso de sus derechos políticos.

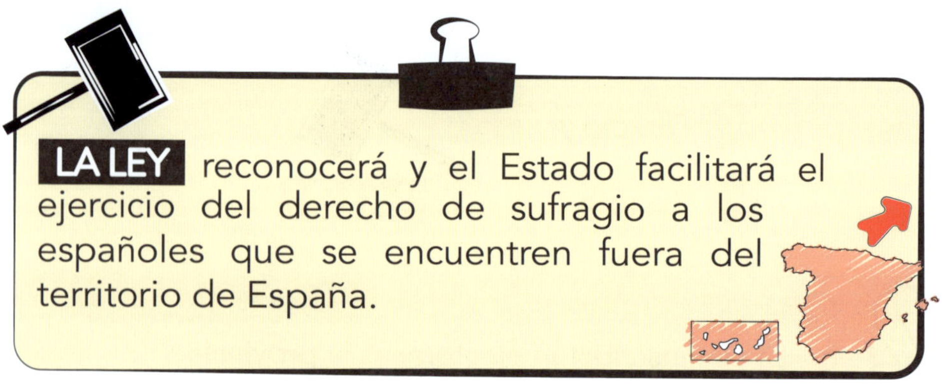

6. Las **elecciones** tendrán lugar entre los **treinta días** **y sesenta** días desde la **terminación** del mandato. El **Congreso electo** deberá ser convocado dentro de los **veinticinco días siguientes** a la celebración de las elecciones.

1. El **Senado** es la **Cámara** de **representación territorial**.

2. En **cada provincia** se elegirán **cuatro Senadores** por sufragio:

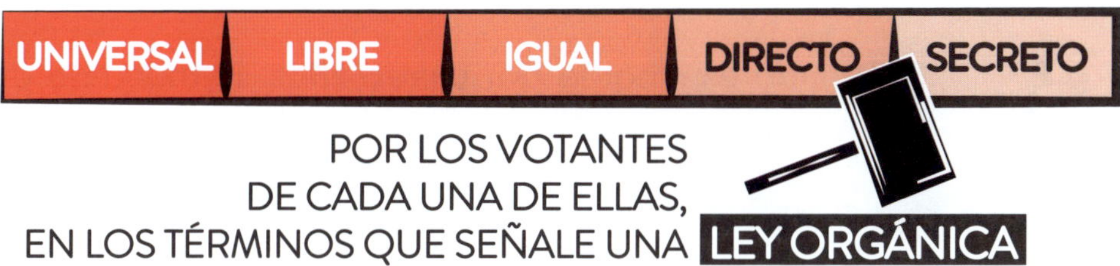

3. En las **provincias insulares**, **cada** isla o agrupación de ellas, con Cabildo o Consejo Insular, constituirá **una circunscripción** a efectos de elección de Senadores, correspondiendo:

 **Tres** a cada una de las islas mayores —Gran Canaria, Mallorca y Tenerife— y

Uno a cada una de las siguientes islas o agrupaciones: Ibiza-Formentera, Menorca, Fuerteventura, Gomera, Hierro, Lanzarote y La Palma.

4. Las poblaciones de **Ceuta** y **Melilla** elegirán **cada** una de ellas **dos** Senadores.

 **5.** Las **Comunidades Autónomas** designarán **además:**

- **Un Senador** y

- **Otro más** por cada **millón** de habitantes de su respectivo territorio.

La **designación corresponderá** a la Asamblea legislativa o, en su defecto, al **órgano colegiado superior** de la Comunidad Autónoma, de acuerdo con lo que establezcan los Estatutos, que **asegurarán**, en todo caso, la adecuada **representación proporcional**.

 **6.** El Senado es elegido por **cuatro años**. El mandato de los Senadores termina:

- Cuatro años después de su elección o

- El día de la disolución de la Cámara.

ARTÍCULO	Leído	Subrayado	esquematizado	Repasado
66	★★★	👍	◇	○○○○
67	★★★	👍	◇	○○○○
68	★★★	👍	◇	○○○○
69	★★★	👍	◇	○○○○

1. La ley electoral determinará las **causas** de **inelegibilidad** e **incompatibilidad** de los Diputados y Senadores, que comprenderán, en todo caso:

A los **componentes** del **Tribunal Constitucional**.

A los **altos cargos** de la **Administración** del **Estado** que determine la ley, con la **excepción** de los miembros del Gobierno.

Al **Defensor** del **Pueblo**.

A los **Magistrados**, **Jueces** y **Fiscales** en **activo**.

A los **militares profesionales** y **miembros** de las **Fuerzas** y **Cuerpos** de **Seguridad** y **Policía** en **activo**.

A los **miembros** de las **Juntas Electorales**.

2. La **validez** de las **actas** y **credenciales** de los miembros de ambas Cámaras estará **sometida al control judicial**, en los términos que establezca la **ley electoral**.

1. Los Diputados y Senadores gozarán de **inviolabilidad** por las **opiniones** manifestadas en el ejercicio de sus funciones.

 Durante el **período** de su mandato los Diputados y Senadores gozarán asimismo de **inmunidad** y **sólo** podrán ser **detenidos** en caso de **flagrante delito**.

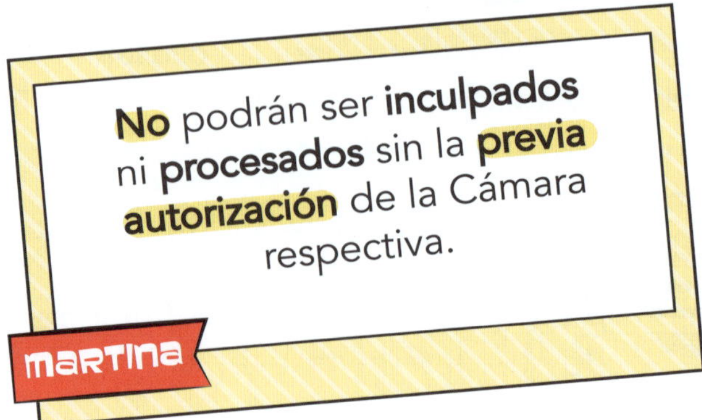

 En las causas contra Diputados y Senadores será competente la **Sala** de lo Penal del **Tribunal Supremo**.

 Los Diputados y Senadores percibirán una **asignación** que será **fijada** por las **respectivas Cámaras**.

Las **Cámaras establecen** sus propios **Reglamentos**, aprueban autónomamente sus **presupuestos** y, de común acuerdo, regulan el Estatuto del **Personal** de las Cortes Generales.

Los **Reglamentos** y su **reforma** serán sometidos a una **votación final** sobre su totalidad, que requerirá la **mayoría absoluta**.

 **2.** Las **Cámaras eligen** sus respectivos **Presidentes** y los demás **miembros** de sus **Mesas**. Las sesiones **conjuntas** serán presididas por el **Presidente del Congreso** y se regirán por un **Reglamento de las Cortes Generales** aprobado por **mayoría absoluta** de **cada Cámara**.

3. Los **Presidentes** de las Cámaras ejercen en nombre de las mismas todos los **poderes administrativos** y facultades de **policía** en el interior de sus respectivas sedes.

 **1.** Las Cámaras se reunirán **anualmente** en **dos períodos ordinarios** de sesiones:

 El **primero**, de **septiembre** a **diciembre**,

 El **segundo**, de **febrero** a **junio**.

 **2.** Las Cámaras podrán reunirse en sesiones **extraordinarias** a **petición**:

 Del Gobierno

 De la Diputación Permanente

 De la mayoría absoluta de los miembros de cualquiera de las Cámaras.

 Las sesiones extraordinarias deberán convocarse sobre un **orden del día determinado** y serán clausuradas una vez que éste haya sido agotado. 

1. Las Cámaras se reunirán en sesión **conjunta** para ejercer las **competencias no legislativas** que el **Título II** atribuye expresamente a las Cortes Generales.

2. Las **decisiones** de las Cortes Generales previstas en los artículos **94.1, 145.2 y 158.2**, se adoptarán por **mayoría** de **cada** una de las **Cámaras**.

En el **primer** caso (94.1), el procedimiento se iniciará por el **Congreso**, y en los **otros dos (145.2 y 158.2)**, por el **Senado**.

En **ambos** casos, si **no** hubiera **acuerdo** entre Senado y Congreso, se intentará obtener por una **Comisión Mixta** compuesta de igual número de Diputados y Senadores. La Comisión presentará un **texto** que será **votado** por **ambas** Cámaras.

Artículo 75

1.  Las **Cámaras** funcionarán en **Pleno** y por **Comisiones**.

2.  Las Cámaras podrán **delegar** en las **Comisiones Legislativas Permanentes** la aprobación de:

 Proyectos

 Proposiciones de ley

> El **Pleno** podrá, no obstante, **recabar en cualquier momento** el debate y votación de cualquier proyecto o proposición de ley que haya sido objeto de esta delegación.

3.  Quedan **exceptuados** de lo dispuesto en el apartado anterior:

 La reforma constitucional

 Las cuestiones internacionales

 Las leyes orgánicas y de bases

 Los Presupuestos Generales del Estado

1. El **Congreso** y el **Senado**, y, en su caso, **ambas Cámaras** conjuntamente, podrán **nombrar Comisiones** de **investigación** sobre cualquier asunto de **interés público**. Sus conclusiones:

 **No** serán **vinculantes** para los **Tribunales**

 **No afectarán** a las **resoluciones judiciales**

sin perjuicio de que el **resultado** de la investigación sea **comunicado** al **Ministerio Fiscal** para el ejercicio, cuando proceda, de las acciones oportunas.

2. Será **obligatorio comparecer** a **requerimiento** de las **Cámaras**. La **ley** regulará las **sanciones** que puedan imponerse por **incumplimiento** de esta obligación.

1. Las **Cámaras** pueden recibir **peticiones individuales y colectivas**, siempre **por escrito**, quedando **prohibida** la presentación **directa** por **manifestaciones** ciudadanas.

2. Las **Cámaras** pueden **remitir** al **Gobierno** las **peticiones** que reciban. El Gobierno está **obligado a explicarse** sobre su contenido, **siempre** que las **Cámaras lo exijan**.

ARTÍCULO	Leido	Subrayado	esquematizado	Repasado
70	☆☆☆	👍	◇	○○○○
71	☆☆☆	👍	◇	○○○○
72	☆☆☆	👍	◇	○○○○
73	☆☆☆	👍	◇	○○○○
74	☆☆☆	👍	◇	○○○○
75	☆☆☆	👍	◇	○○○○
76	☆☆☆	👍	◇	○○○○
77	☆☆☆	👍	◇	○○○○

1. En **cada** Cámara habrá una **Diputación Permanente** compuesta por un **mínimo** de **veintiún miembros**, que representarán a los **grupos parlamentarios**, en **proporción** a su importancia numérica.

2. Las Diputaciones Permanentes estarán **presididas** por el **Presidente** de la **Cámara** respectiva y tendrán como funciones:

 La prevista en el artículo **73**

 La de asumir las **facultades** que correspondan a las Cámaras, de acuerdo con los artículos **86** y **116**, en caso de que éstas hubieren sido **disueltas** o hubiere **expirado** su mandato

 La de **velar** por los **poderes** de las Cámaras cuando éstas **no** estén **reunidas**

 **3.** **Expirado** el **mandato** o en caso de disolución, las Diputaciones Permanentes seguirán ejerciendo sus **funciones** **hasta** la constitución de las **nuevas** Cortes Generales.

 **4.** **Reunida** la **Cámara** correspondiente, la Diputación Permanente **dará cuenta** de los **asuntos tratados** y de sus **decisiones**.

Artículo 79

1. Para **adoptar acuerdos**, las Cámaras deben estar **reunidas reglamentariamente** y con asistencia de la **mayoría** de sus **miembros**.

2. Dichos acuerdos, para ser **válidos**, deberán ser aprobados por la **mayoría** de los miembros **presentes**, sin perjuicio de las **mayorías especiales** que establezcan la Constitución o las leyes orgánicas y las que para elección de personas establezcan los Reglamentos de las Cámaras.

3. El **voto** de **Senadores** y **Diputados** es **personal** e **indelegable**.

Artículo 80

Las **sesiones** plenarias de las Cámaras serán **públicas**, **salvo acuerdo** en **contrario** de cada Cámara, adoptado por mayoría **absoluta** o con arreglo al **Reglamento**.

ARTÍCULO	Leído	Subrayado	esquematizado	Repasado
78	☆☆☆	👍	◇	○○○○
79	☆☆☆	👍	◇	○○○○
80	☆☆☆	👍	◇	○○○○

1. Son **leyes orgánicas**:

 Las relativas al desarrollo de los **derechos fundamentales** y de las **libertades públicas**

Las que aprueben los **Estatutos** de **Autonomía**

El **régimen electoral general**

Las **demás** previstas en la Constitución

2. La **aprobación, modificación** o **derogación** de las leyes orgánicas exigirá **mayoría absoluta del Congreso**, en una **votación final** sobre el **conjunto** del **proyecto**.

1.  Las **Cortes Generales** podrán **delegar en el Gobierno** la potestad de **dictar normas** con **rango** de **ley** sobre materias determinadas no incluidas en el artículo anterior.

 **2.** La delegación legislativa deberá otorgarse mediante:

 Una **ley de bases** cuando su objeto sea la formación de **textos articulados**

Una **ley ordinaria** cuando se trate de **refundir** varios textos legales en uno solo

 **3.** La delegación legislativa **habrá de otorgarse** al Gobierno de **forma expresa** para **materia concreta** y con **fijación** del **plazo** para su **ejercicio**.

La delegación se agota por el uso que de ella haga el Gobierno mediante la publicación de la norma correspondiente.

 **No** podrá entenderse **concedida** de **modo implícito** o por **tiempo indeterminado**.

 **No** podrá permitir la **subdelegación** a **autoridades distintas** del propio Gobierno

 **4.** Las **leyes de bases delimitarán** con **precisión**:

El **objeto** y **alcance** de la delegación legislativa

Los **principios** y **criterios** que han de seguirse en su ejercicio

 **5.** La **autorización** para **refundir** textos legales **determinará** el **ámbito normativo** a que se refiere el contenido de la delegación, **especificando** si:

 Se circunscribe a la **mera formulación** de un **texto único** o

 Si se **incluye** la de:

⟶ Regularizar

⟶ Aclarar

⟶ Armonizar

los textos legales que han de ser refundidos.

 **6.** **Sin perjuicio** de la **competencia** propia de los **Tribunales**, las leyes de delegación podrán establecer en cada caso **fórmulas adicionales** de **control**.

Las leyes de bases no podrán en ningún caso:

Autorizar la modificación de la propia ley de bases.

Facultar para dictar normas con carácter retroactivo.

Cuando una **proposición** de ley o una **enmienda** fuere **contraria** a una **delegación legislativa en vigor**, el **Gobierno** está **facultado** para **oponerse** a su tramitación.

En tal supuesto, podrá presentarse una **proposición** de ley para la **derogación total** o **parcial** de la **ley** de **delegación**.

Las **disposiciones** del **Gobierno** que contengan **legislación delega-da** recibirán el título de **Decretos Legislativos**.

ARTÍCULO	Leído	Subrayado	esquematizado	Repasado
81	☆☆☆	👍	◇	○○○○
82	☆☆☆	👍	◇	○○○○
83	☆☆☆	👍	◇	○○○○
84	☆☆☆	👍	◇	○○○○
85	☆☆☆	👍	◇	○○○○

1. En caso de **extraordinaria y urgente necesidad**, el Gobierno podrá dictar disposiciones legislativas **provisionales** que tomarán la forma de **Decretos-leyes** y que **no podrán afectar**:

- Al ordenamiento de las *instituciones básicas* del Estado

- A los derechos, deberes y libertades de los ciudadanos regulados en el *Título I*

- Al régimen de las *Comunidades Autónomas*

- Al Derecho *electoral* general

2. Los Decretos-leyes deberán ser **inmediatamente** sometidos a **debate** y **votación** de **totalidad** al **Congreso** de los Diputados, convocado al efecto si no estuviere reunido, en el plazo de los **treinta días** siguientes a su promulgación.

> El Congreso habrá de **pronunciarse expresamente** dentro de dicho plazo sobre su **convalidación** o **derogación**, para lo cual el Reglamento establecerá un *procedimiento especial y sumario.*

3. **Durante el plazo** establecido en el apartado anterior, las Cortes podrán tramitarlos como **proyectos de ley** por el *procedimiento de urgencia.*

1. La iniciativa legislativa corresponde:

Al **Gobierno**

Al **Congreso**

Al **Senado**

de acuerdo con:

La *Constitución*, y

Los *Reglamentos* de las *Cámaras*

2. Las **Asambleas de las Comunidades Autónomas** podrán solicitar del Gobierno la adopción de un **proyecto de ley** o remitir a la Mesa del Congreso una **proposición de ley**, delegando ante dicha Cámara un máximo de **tres miembros** de la Asamblea encargados de su defensa.

3. Una **ley orgánica** regulará las formas de ejercicio y requisitos de la **iniciativa popular** para la presentación de **proposiciones de ley**. En todo caso se exigirán **no menos de 500.000 firmas acreditadas**.

No procederá dicha iniciativa en materias:

- Propias de ley orgánica

- Tributarias

- De carácter internacional

- Prerrogativa de gracia

Los **proyectos de ley** serán aprobados en **Consejo de Ministros**, que los someterá al Congreso, acompañados:

 De una *exposición de motivos*

 De los *antecedentes* necesarios para pronunciarse sobre ellos

1. La tramitación de las **proposiciones de ley** se regulará por los **Reglamentos** de las **Cámaras**, sin que la prioridad debida a los proyectos de ley impida el ejercicio de la iniciativa legislativa en los términos regulados por el artículo **87**.

2. Las proposiciones de ley que, de acuerdo con el artículo 87, tome en consideración el **Senado, se remitirán al Congreso** para su trámite en éste como tal proposición.

Artículo 90

1.º **Aprobado un proyecto** de **ley** ordinaria u orgánica por el **Congreso** de los Diputados, su Presidente dará inmediata **cuenta** del mismo al **Presidente** del **Senado**, el cual lo someterá a la deliberación de éste.

2.º El Senado en el plazo de **dos meses**, a partir del día de la recepción del texto, puede, mediante *mensaje motivado*, oponer su **veto** o introducir **enmiendas** al mismo.

El **veto** deberá ser aprobado por

MAYORÍA ABSOLUTA.

El proyecto no podrá ser sometido al Rey para sanción sin que el **Congreso ratifique** por mayoría absoluta, *en caso de veto*, el texto inicial, o por mayoría **simple**, una vez transcurridos *dos meses* desde la interposición del mismo, o se pronuncie sobre las *enmiendas*, **aceptándolas o no** por mayoría simple.

3.º El plazo de dos meses de que el Senado dispone para vetar o enmendar el proyecto se reducirá al de **veinte días naturales** en los **proyectos declarados urgentes** por:

 El Gobierno o

 El Congreso de los Diputados

Artículo 91

El **Rey** **sancionará** en el plazo de **quince días** las leyes aprobadas por las Cortes Generales, y las **promulgará** y **ordenará** su inmediata **publicación**.

Artículo 92

1. Las **decisiones políticas** de *especial transcendencia* podrán ser sometidas a **referéndum consultivo** de *todos los ciudadanos*.

2. El referéndum será **convocado por el Rey**, mediante **propuesta** del *Presidente del Gobierno*, **previamente autorizada** por el *Congreso* de los Diputados.

3. Una **ley orgánica** regulará:

 Las **condiciones**

El **procedimiento**

de las distintas modalidades de referéndum previstas en esta Constitución.

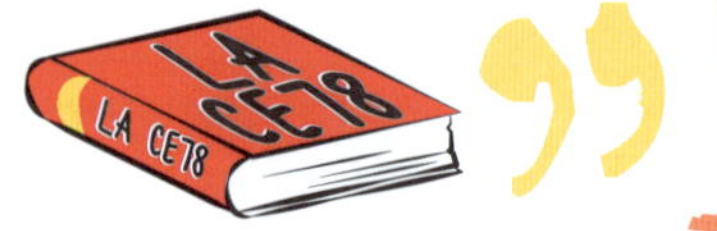

La vida TE PONE obstáculos PERO LOS LÍMITES LOS PONES TÚ

ARTÍCULO	Leido	Subrayado	esquematizado	Repasado
86	☆☆☆	👍	◇	○○○○
87	☆☆☆	👍	◇	○○○○
88	☆☆☆	👍	◇	○○○○
89	☆☆☆	👍	◇	○○○○
90	☆☆☆	👍	◇	○○○○
91	☆☆☆	👍	◇	○○○○
92	☆☆☆	👍	◇	○○○○

Artículo 93

Mediante **ley orgánica** se podrá **autorizar** la celebración de tratados por los que se atribuya a una organización o institución internacional el ejercicio de competencias derivadas de la Constitución. Corresponde a las **Cortes Generales** o al **Gobierno**, *según los casos*, la **garantía** del **cumplimiento** de estos *tratados* y de las *resoluciones emanadas* de los organismos internacionales o supranacionales titulares de la cesión.

Artículo 94

1. La **prestación del consentimiento** del **Estado** para *obligarse por medio* de *tratados* o *convenios* requerirá la **previa autorización** de las **Cortes** Generales, en los siguientes casos:

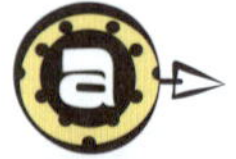 Tratados de carácter *político*.

 Tratados o convenios de carácter *militar*.

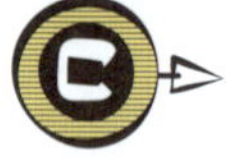 Tratados o convenios que afecten a la *integridad territorial* del Estado o a los *derechos* y *deberes fundamentales* establecidos en el Título I.

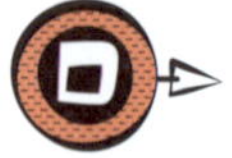 Tratados o convenios que impliquen *obligaciones financieras* para la Hacienda Pública.

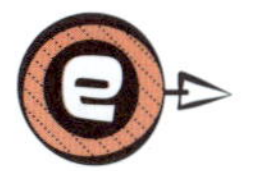  Tratados o convenios que supongan *modificación* o *derogación* de alguna *ley* o *exijan medidas legislativas* para su ejecución.

 **2.º** El **Congreso** y el **Senado** serán **inmediatamente informados** de la *conclusión* de los *restantes tratados* o *convenios*.

1.º La celebración de un tratado internacional que contenga **estipulaciones contrarias** a la **Constitución** exigirá la **previa revisión constitucional**.

 **2.º** El **Gobierno** o cualquiera de las **Cámaras** puede **requerir** al Tribunal **Constitucional** para que **declare si existe o no** esa contradicción.

1.º Los tratados internacionales válidamente celebrados, **una vez publicados** oficialmente en España, formarán **parte** del **ordenamiento interno**. Sus disposiciones sólo podrán ser *derogadas, modificadas* o *suspendidas* en la forma **prevista** en los **propios tratados** o de acuerdo con las **normas generales** del Derecho internacional.

2.º Para la **denuncia** de los tratados y convenios internacionales se utilizará el **mismo procedimiento** previsto para su *aprobación* en el artículo **94**.

ARTÍCULO	Leido	Subrayado	esquematizado	Repasado
93	☆☆☆	👍	◇	○○○○
94	☆☆☆	👍	◇	○○○○
95	☆☆☆	👍	◇	○○○○
96	☆☆☆	👍	◇	○○○○

Título
Cuarto
Del Gobierno y
de la Administración

El **Gobierno** **dirige**:

⟶ La **política** *interior* y *exterior*

⟶ La **Administración** *civil* y *militar*

⟶ La **defensa** del *Estado*

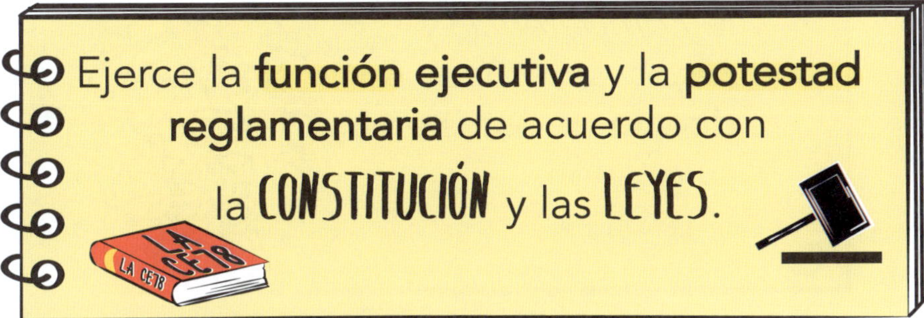

1. El **Gobierno** **se compone**:

❋ Del **Presidente**

❋ De los **Vicepresidentes**, en su caso

❋ De los **Ministros**

❋ De los **demás miembros** que establezca **la ley**

 El Presidente:

 **Dirige** la *acción* del *Gobierno*

 **Coordina** las *funciones* de los *demás miembros* del mismo

 Los miembros del Gobierno no podrán ejercer:

 Otras funciones representativas que las propias del mandato parlamentario

 Ni cualquier otra función pública que no derive de su cargo

 Ni actividad profesional o mercantil alguna

 **La ley** regulará el **estatuto** e **incompatibilidades** de los *miembros* del *Gobierno*.

Artículo 99

1. **Después** de cada **renovación** del **Congreso** de los Diputados, y en los **demás supuestos** constitucionales en que así proceda, **el Rey**, previa **consulta** con los **representantes designados** por los Grupos políticos con representación parlamentaria, y **a través** del **Presidente** del **Congreso**, **propondrá un candidato** a la Presidencia del Gobierno.

2. El candidato propuesto conforme a lo previsto en el apartado anterior **expondrá ante el Congreso** de los Diputados el **programa político** del Gobierno que pretenda formar y **solicitará la confianza** de la Cámara.

3. Si el Congreso de los Diputados, por el voto de la **mayoría absoluta** de sus miembros, otorgare su confianza a dicho candidato, el Rey le nombrará Presidente.

De **no alcanzarse** dicha *mayoría*, se someterá la misma propuesta a **nueva** votación **cuarenta y ocho horas** después de la anterior, y la confianza se entenderá otorgada si obtuviere la **mayoría simple**.

4. Si **efectuadas** las citadas **votaciones no se otorgase** la confianza para la investidura, se tramitarán **sucesivas propuestas** en la forma prevista en los apartados anteriores.

5. Si transcurrido el plazo de **dos meses**, a partir de la primera votación de investidura, ningún candidato hubiere obtenido la confianza del Congreso, el **Rey disolverá** ambas Cámaras y **convocará** nuevas elecciones con el **refrendo** del **Presidente del Congreso**.

Artículo 100

Los **demás miembros** del Gobierno serán **nombrados** y **separados** por el **Rey**, a **propuesta** de su **Presidente**.

Artículo 101

1. El Gobierno **cesa**:

- Tras la **celebración** de elecciones generales,
- En los casos de **pérdida** de la **confianza** parlamentaria previstos en la Constitución
- Por **dimisión** o **fallecimiento** de su Presidente

2. El Gobierno cesante continuará **en funciones hasta** la toma de posesión del nuevo Gobierno.

Artículo 102

1.º La responsabilidad **criminal** del **Presidente** y los **demás miembros** del Gobierno será exigible, en su caso, ante la **Sala de lo Penal del Tribunal Supremo**.

2.º Si la acusación fuere por **traición** o por cualquier **delito** contra la **seguridad** del Estado en el ejercicio de sus funciones, **sólo** podrá ser **planteada** por iniciativa de la **cuarta parte** de los miembros del **Congreso**, y con la **aprobación** de la **mayoría absoluta** del mismo.

3.º La **prerrogativa real de gracia no** será **aplicable** a ninguno de los supuestos del presente artículo.

Artículo 103

1.º La **Administración Pública** sirve con **objetividad** los **intereses generales** y actúa de acuerdo con los principios de:

Eficacia

Jerarquía

Descentralización

Desconcentración

Coordinación

2. Los **órganos** de la **Administración del Estado** son:

- Creados
- Regidos
- Coordinados

3. **La ley regulará**:

- El *estatuto* de los funcionarios públicos

- El *acceso* a la función pública de acuerdo con los principios de mérito y capacidad

- Las *peculiaridades* del ejercicio de su derecho a sindicación

- El sistema de *incompatibilidades*

- Las garantías para la imparcialidad en el ejercicio de sus funciones

PROHIBIDO olvidar las ILUSIONES

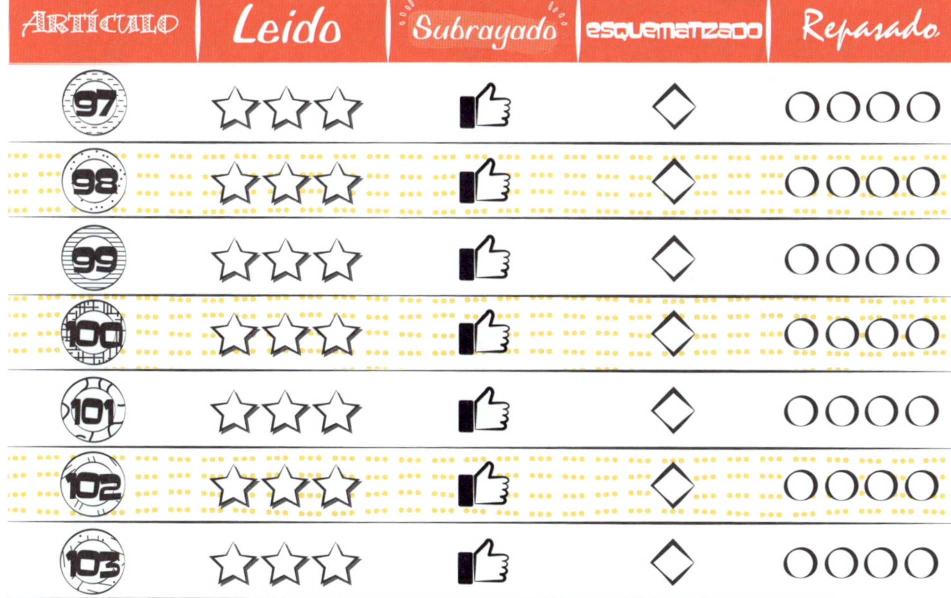

ARTÍCULO	Leido	Subrayado	esquematizado	Repasado
97	☆☆☆	👍	◇	○○○○
98	☆☆☆	👍	◇	○○○○
99	☆☆☆	👍	◇	○○○○
100	☆☆☆	👍	◇	○○○○
101	☆☆☆	👍	◇	○○○○
102	☆☆☆	👍	◇	○○○○
103	☆☆☆	👍	◇	○○○○

1. Las Fuerzas y Cuerpos de seguridad, bajo la **dependencia** del **Gobierno**, tendrán como **misión**:

- **Proteger** el libre ejercicio de los derechos y libertades

- **Garantizar** la seguridad ciudadana

2. Una **ley orgánica** determinará:

- Las funciones

- Principios básicos de actuación

- Estatutos

de las **Fuerzas** y **Cuerpos** de **seguridad**.

Artículo 105

La ley regulará:

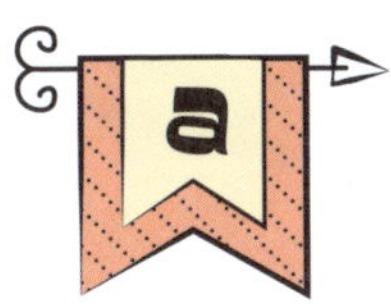

La **audiencia** de los ciudadanos, **directamente o a través de** las organizaciones y asociaciones reconocidas por la ley, en el procedimiento de elaboración de las disposiciones administrativas que les afecten.

El **acceso** de los ciudadanos a los **archivos y registros administrativos**, **salvo** en lo que afecte a la seguridad y defensa del Estado, la averiguación de los delitos y la intimidad de las personas.

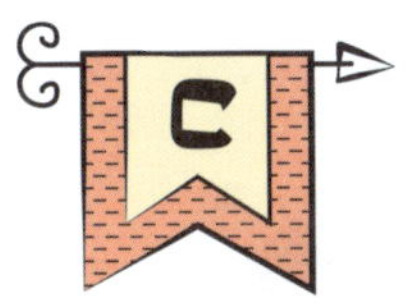

El **procedimiento** a través del cual deben producirse los **actos administrativos**, garantizando, **cuando proceda**, la **audiencia** del interesado.

Artículo 106

1. Los **Tribunales controlan**:

La **potestad reglamentaria**

La **legalidad** de la **actuación administrativa**, así como el **sometimiento** de ésta **a los fines** que la justifican

2.º Los **particulares**, en los términos establecidos por **la ley**, tendrán derecho a ser **indemnizados** por *toda* lesión que sufran en cualquiera de sus bienes y derechos, **salvo** en los casos de **fuerza mayor**, siempre que la lesión sea consecuencia del **funcionamiento** de los **servicios públicos**.

El **Consejo de Estado** es el **supremo órgano consultivo del Gobierno**. Una **ley orgánica** regulará:

 Su composición

 Su competencia

ARTÍCULO	Leido	Subrayado	ESQUEMATIZADO	Repasado
104	☆☆☆	👍	◇	○○○○
105	☆☆☆	👍	◇	○○○○
106	☆☆☆	👍	◇	○○○○
107	☆☆☆	👍	◇	○○○○

Título Quinto

De las relaciones entre el Gobierno y las Cortes Generales

Artículo 108

El **Gobierno responde solidariamente** en su **gestión política** ante el **Congreso** de los Diputados.

Artículo 109

Las **Cámaras** y sus **Comisiones** podrán **recabar**, a través de los **Presidentes** de aquéllas, la **información** y **ayuda** que precisen del **Gobierno** y de sus **Departamentos** y de cualesquiera **autoridades** del *Estado* y de las *Comunidades Autónomas*.

Artículo 110

1. Las **Cámaras** y sus **Comisiones** pueden **reclamar** la **presencia** de los **miembros** del **Gobierno**.

2. Los **miembros** del **Gobierno** tienen **acceso** a las **sesiones** de las Cámaras y a sus Comisiones y la **facultad** de **hacerse oír** en ellas, y podrán **solicitar** que **informen** ante las mismas **funcionarios** de sus **Departamentos**.

Artículo 111

1.º El **Gobierno** y cada uno de sus **miembros** están **sometidos** a las **interpelaciones** y **preguntas** que se le formulen en las Cámaras.

Para esta clase de debate los Reglamentos establecerán un tiempo mínimo semanal.

2.º Toda interpelación **podrá dar lugar a una moción** en la que la Cámara manifieste su **posición**.

Artículo 112

El **Presidente** del **Gobierno**, **previa deliberación** del **Consejo** de **Ministros**, puede plantear **ante el Congreso** de los Diputados la **cuestión** de **confianza** sobre:

 Su *programa*

✳ Sobre una *declaración de política general*

La confianza se entenderá **otorgada** cuando vote **a favor** de la misma la **mayoría simple** de los Diputados.

1. El Congreso de los Diputados puede exigir la **responsabilidad política** del Gobierno mediante la adopción por mayoría absoluta de la **moción de censura**.

2. La moción de censura deberá:

Ser **propuesta** *al menos* por la *décima parte* de los **Diputados**, y

Habrá de **incluir** *un candidato* a la **Presidencia** del Gobierno

3. La moción de censura **no** podrá ser **votada hasta** que transcurran **cinco días** *desde* su *presentación*.

En los dos primeros días de dicho plazo podrán presentarse mociones alternativas.

4. Si la moción de censura **no fuera aprobada** por el Congreso, sus **signatarios** no podrán presentar otra durante el **mismo período de sesiones**.

Artículo 114

1. Si el **Congreso niega su confianza** al Gobierno, éste presentará su **dimisión al Rey**, procediéndose a continuación a la **designación** de Presidente del Gobierno según lo dispuesto en el artículo **99**.

2. Si el Congreso **adopta** una **moción de censura**, el Gobierno presentará su **dimisión al Rey** y el **candidato** incluido en aquélla se entenderá **investido** de la confianza de la Cámara a los **efectos** previstos en el artículo **99**.

Artículo 115

1. El **Presidente** del Gobierno, previa **deliberación** del **Consejo** de **Ministros**, y bajo su **exclusiva responsabilidad**, podrá proponer la **disolución** del *Congreso*, del *Senado* o de las *Cortes Generales*, que será **decretada** por el **Rey**.

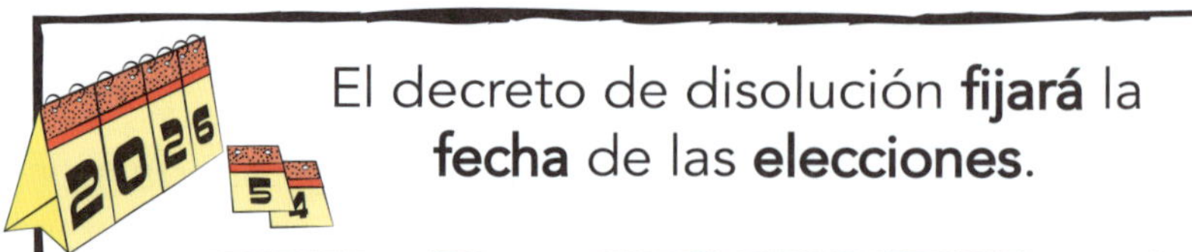

 **2.** La propuesta de disolución **no** podrá **presentarse** cuando esté en trámite una **moción de censura**.

 **3.** **No** procederá **nueva disolución** antes de que transcurra **un año** desde la **anterior**, **salvo** lo dispuesto en el artículo **99**, apartado **5**.

 **1.** Una **ley orgánica** regulará los estados de:

 Alarma 

 Excepción

 Sitio

y las **competencias** y **limitaciones** correspondientes.

 **2.** El estado de **alarma** será **declarado** por el *Gobierno* mediante **decreto** acordado en Consejo de Ministros por un plazo máximo de **quince días**, **dando cuenta** al **Congreso** de los Diputados, reunido inmediatamente al efecto y sin cuya *autorización* no podrá ser *prorrogado* dicho plazo. 

El decreto **determinará** el *ámbito territorial* a que se extienden los efectos de la declaración.

 El estado de **excepción** será **declarado** por el *Gobierno* mediante **decreto** acordado en Consejo de Ministros, **previa autorización** del **Congreso** de los Diputados.

La autorización y proclamación del estado de excepción deberá determinar **expresamente** los efectos del mismo, el ámbito territorial a que se extiende y su duración, que no podrá exceder de **treinta días**, prorrogables por otro plazo igual, con los mismos requisitos.

 El estado de **sitio** será **declarado** por la mayoría absoluta del *Congreso* de los *Diputados*, a **propuesta exclusiva** del **Gobierno**.

No podrá procederse a la **disolución** del **Congreso** **mientras** estén **declarados** algunos de los **estados** comprendidos en el presente artículo, quedando **automáticamente convocadas** las Cámaras si no estuvieren en período de sesiones. **Su funcionamiento**, así como el de los **demás poderes constitucionales** del Estado, *no podrán interrumpirse* durante la **vigencia** de estos **estados**.

Disuelto el **Congreso** o **expirado** su **mandato**, *si se produjere alguna* de las *situaciones* que dan lugar a cualquiera de dichos estados, las competencias del Congreso serán asumidas por su **Diputación Permanente**.

La **declaración** de los **estados** de alarma, de excepción y de sitio **no modificarán** el **principio de responsabilidad** del *Gobierno* y de sus *agentes reconocidos* en la Constitución y en las leyes.

ARTÍCULO	Leido	Subrayado	esquematizado	Repasado
108	☆☆☆	👍	◇	○○○○
109	☆☆☆	👍	◇	○○○○
110	☆☆☆	👍	◇	○○○○
111	☆☆☆	👍	◇	○○○○
112	☆☆☆	👍	◇	○○○○
113	☆☆☆	👍	◇	○○○○
114	☆☆☆	👍	◇	○○○○
115	☆☆☆	👍	◇	○○○○
116	☆☆☆	👍	◇	○○○○

Título Sexto

1. La justicia **emana** del **pueblo** y se **administra** en nombre del **Rey** por Jueces y Magistrados integrantes del poder judicial:

 *Independientes*

 *Inamovibles*

 *Responsables*

y **sometidos** únicamente al imperio de la **ley**.

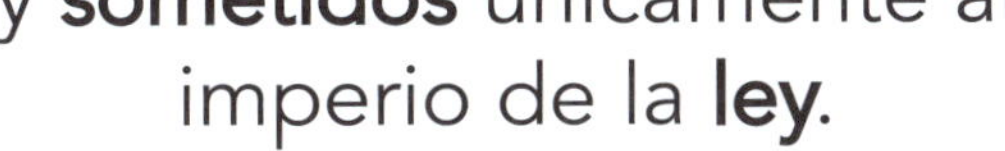

2. Los Jueces y Magistrados **no podrán** ser separados, suspendidos, trasladados ni jubilados, **sino** por alguna de las causas y con las garantías previstas en la ley.

3. El ejercicio de la **potestad jurisdiccional** en todo tipo de procesos, *juzgando* y *haciendo ejecutar lo juzgado*, **corresponde exclusivamente** a los **Juzgados** y **Tribunales** *determinados* por las *leyes*, según las normas de competencia y procedimiento que las mismas establezcan.

4. Los Juzgados y Tribunales **no** ejercerán **más funciones** que las **señaladas** en el **apartado anterior** y las que expresamente les sean atribuidas **por ley** en garantía de cualquier derecho.

5. El principio de **unidad jurisdiccional** es la base de la organización y funcionamiento de los Tribunales.

La ley regulará el ejercicio de la **jurisdicción militar** en el ámbito *estrictamente castrense* y en los supuestos de estado de *sitio*, de acuerdo con los **principios** de la **Constitución**.

6. **Se prohíben** los Tribunales de excepción.

Artículo 118

Es **obligado**:

⟶ **Cumplir** las **sentencias** y demás **resoluciones firmes** de los Jueces y Tribunales

⟶ Así como **prestar** la **colaboración** requerida por éstos en el *curso* del proceso y en la *ejecución* de lo resuelto

Artículo 119

La justicia será **gratuita** cuando así lo disponga **la ley** y, en todo caso, respecto de quienes acrediten **insuficiencia** de **recursos** para litigar.

1. Las **actuaciones judiciales** serán **públicas**, con las **excepciones** que prevean las **leyes** de **procedimiento**.

2. El **procedimiento** será *predominantemente* **oral**, sobre todo en *materia* **criminal**.

3. Las **sentencias** serán **siempre motivadas** y *se pronunciarán* en *audiencia pública*.

Los **daños** causados por:

Error judicial

Así como los que sean **consecuencia** del funcionamiento **anormal** de la Administración de Justicia

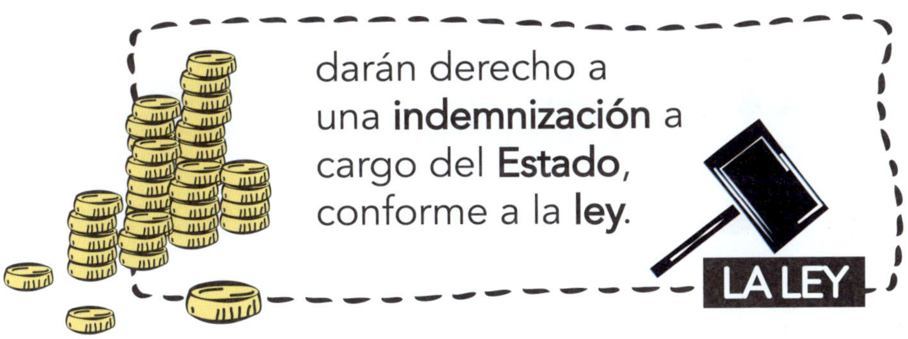

<h1 style="text-align:center">Artículo 122</h1>

 La **ley orgánica** del poder judicial determinará la *constitución, funcionamiento* y *gobierno* de los **Juzgados** y **Tribunales**, así como el *estatuto jurídico* de los *Jueces* y *Magistrados* de carrera, que formarán un **Cuerpo único**, y del personal al servicio **de** la Administración de Justicia.

El **Consejo General** del **Poder Judicial** es el **órgano de gobierno** del mismo. La **ley orgánica** establecerá:

 Su *estatuto*

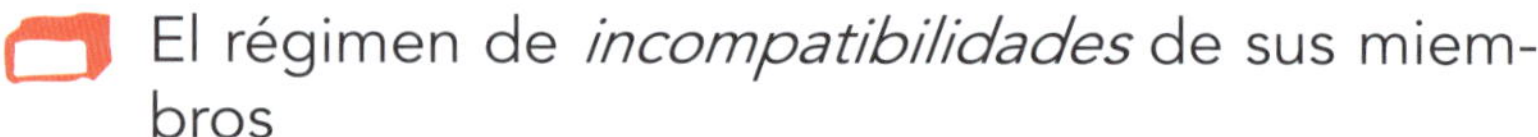 El régimen de *incompatibilidades* de sus miembros

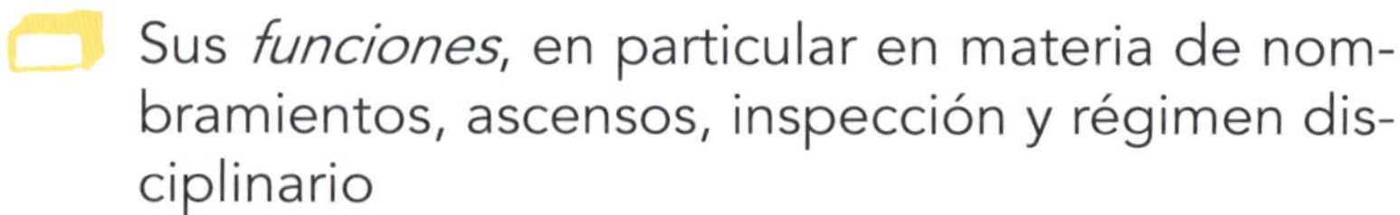 Sus *funciones*, en particular en materia de nombramientos, ascensos, inspección y régimen disciplinario

El Consejo General del Poder Judicial estará **integrado** por el **Presidente** del **Tribunal Supremo**, que lo *presidirá*, y por **veinte miembros** nombrados por el Rey, por un período de **cinco años**. De éstos:

 **Doce** entre *Jueces y Magistrados* de todas las categorías judiciales, en los términos que establezca la ley orgánica

 **Cuatro** a propuesta del *Congreso* de los Diputados

 **Cuatro** a propuesta del *Senado*

elegidos en ambos casos (Congreso y Senado) por mayoría de **tres quintos** de sus miembros, entre abogados y otros juristas, todos ellos de reconocida competencia y con más de quince años de ejercicio en su profesión.

Artículo	Leido	Subrayado	esquematizado	Repasado
117	☆☆☆	👍	◇	○○○○
118	☆☆☆	👍	◇	○○○○
119	☆☆☆	👍	◇	○○○○
120	☆☆☆	👍	◇	○○○○
121	☆☆☆	👍	◇	○○○○
122	☆☆☆	👍	◇	○○○○

Artículo 123

1. El **Tribunal Supremo**, con **jurisdicción** en *toda España*, es el órgano jurisdiccional **superior** en *todos* los *órdenes*, **salvo** lo dispuesto en materia de garantías *constitucionales*.

2. El **Presidente** del Tribunal Supremo será **nombrado** por el **Rey**, a **propuesta** del **Consejo General del Poder Judicial**, en la forma que determine **la ley**.

Artículo 124

1. El **Ministerio Fiscal**, sin perjuicio de las funciones encomendadas a otros órganos, tiene por misión **promover la acción de la justicia** en **defensa**:

 De la *legalidad*

 De los *derechos* de los ciudadanos

 Del *interés público* tutelado por la ley, de oficio o a petición de los interesados

así como **velar** por la *independencia* de los Tribunales y procurar ante éstos la *satisfacción* del interés *social*.

 **2.** El Ministerio Fiscal ejerce sus funciones por medio de **órganos propios** conforme a los **principios** de *unidad de actuación* y *dependencia jerárquica* y con **sujeción**, en todo caso, a los de *legalidad* e *imparcialidad*.

 **3.** **La ley** regulará el **estatuto orgánico** del Ministerio Fiscal.

4. El **Fiscal General** del Estado será **nombrado** por el *Rey*, a **propuesta** del *Gobierno*, **oído** el *Consejo General del Poder Judicial*.

Artículo 125

Los **ciudadanos** podrán ejercer la **acción popular** y **participar** en la Administración de Justicia mediante la *institución del Jurado*, en la **forma** y con respecto a aquellos **procesos** penales que **la ley** determine, así como en los Tribunales **consuetudinarios** y **tradicionales**.

Artículo 126

La **policía judicial** depende de los *Jueces*, de los *Tribunales* y del *Ministerio Fiscal* en sus **funciones** de:

⟶ Averiguación del delito

⟶ Descubrimiento y aseguramiento del delincuente

Artículo 127

1.º Los *Jueces* y *Magistrados* así como los *Fiscales*, mientras se hallen en **activo**, **no podrán desempeñar** otros cargos *públicos*, ni pertenecer a *partidos* políticos o *sindicatos*.

> **La ley** establecerá el *sistema* y *modalidades* de *asociación* profesional de los Jueces, Magistrados y Fiscales.

2.º **La ley** establecerá el **régimen de incompatibilidades** de los miembros del poder judicial, que deberá **asegurar** la **total independencia** de los mismos.

NUNCA dejes DE CREER

Artículo	Leido	Subrayado	Esquematizado	Repasado
123	☆☆☆	👍	◇	○○○○
124	☆☆☆	👍	◇	○○○○
125	☆☆☆	👍	◇	○○○○
126	☆☆☆	👍	◇	○○○○
127	☆☆☆	👍	◇	○○○○

Título Séptimo

Economía y Hacienda

Artículo 128

1. Toda la **riqueza** del país en sus distintas formas y *sea cual fuere* su titularidad está subordinada al **interés general**.

2. Se reconoce la **iniciativa pública** en la **actividad económica**. Mediante **ley** se podrá **reservar** al **sector público** *recursos* o *servicios esenciales*, especialmente en caso de *monopolio* y asimismo acordar la **intervención** de **empresas** cuando así lo exigiere el *interés general*.

Artículo 129

1. **La ley** establecerá las formas de **participación** de los **interesados**:

En la *Seguridad Social*

En la *actividad* de los *organismos públicos* cuya función afecte directamente a la calidad de la vida o al bienestar general

2. Los **poderes públicos** **promoverán** *eficazmente* las diversas **formas** de **participación** en la empresa y **fomentarán**, mediante una **legislación adecuada**, las *sociedades cooperativas*.

También establecerán los **medios** que faciliten el **acceso** de los *trabajadores* a la *propiedad* de los *medios de producción*.

Artículo 130

1. Los **poderes públicos atenderán** a la *modernización* y *desarrollo* de todos los sectores económicos y, **en particular**, de la *agricultura*, de la *ganadería*, de la *pesca* y de la *artesanía*, a fin de **equiparar** el *nivel de vida* de todos los **españoles**.

2. Con el mismo fin, se dispensará un tratamiento especial a las **zonas** de **montaña**.

Artículo 131

1. El **Estado**, mediante **ley**, podrá **planificar** la **actividad económica general** para:

 *Atender* a las necesidades colectivas

 *Equilibrar* y *armonizar* el desarrollo regional y sectorial

 *Estimular* el crecimiento de la renta y de la riqueza y su más justa distribución

2. El **Gobierno** elaborará los **proyectos de planificación**, de acuerdo con las previsiones que le sean suministradas por las Comunidades Autónomas y el asesoramiento y colaboración de los sindicatos y otras organizaciones profesionales, empresariales y económicas.

> A tal fin se constituirá un **Consejo**, cuya composición y funciones se desarrollarán por **ley**.

Artículo 132

1. o La **ley** regulará el **régimen jurídico** de los **bienes**:

 De dominio público, y

 De los comunales

Inspirándose en los principios de:

 *Inalienabilidad*

 *Imprescriptibilidad*

 *Inembargabilidad*

 **2.** Son **bienes de dominio público estatal** los que determine **la ley** y, en todo caso:

 La zona *marítimo-terrestre*

 Las *playas*

 El *mar territorial*

 Los *recursos naturales* de la zona económica

 La *plataforma continental*

 **3.** Por **ley** se regularán:

 El Patrimonio del Estado

 El Patrimonio Nacional

 Su:

⟫⟶ Administración

⟫⟶ Defensa

⟫⟶ Conservación

 **1.** La **potestad originaria** para **establecer** los **tributos** corresponde exclusivamente al **Estado**, mediante **ley**.

 **2.** Las **Comunidades Autónomas** y las **Corporaciones locales** podrán **establecer y exigir tributos**, de acuerdo con la **Constitución** y las **leyes**.

 **3.** Todo **beneficio fiscal** que **afecte** a los **tributos** del **Estado** deberá establecerse en virtud de **ley**.

 **4.** Las **Administraciones Públicas** sólo podrán:

 **Contraer** *obligaciones financieras*, y

 **Realizar** *gastos*

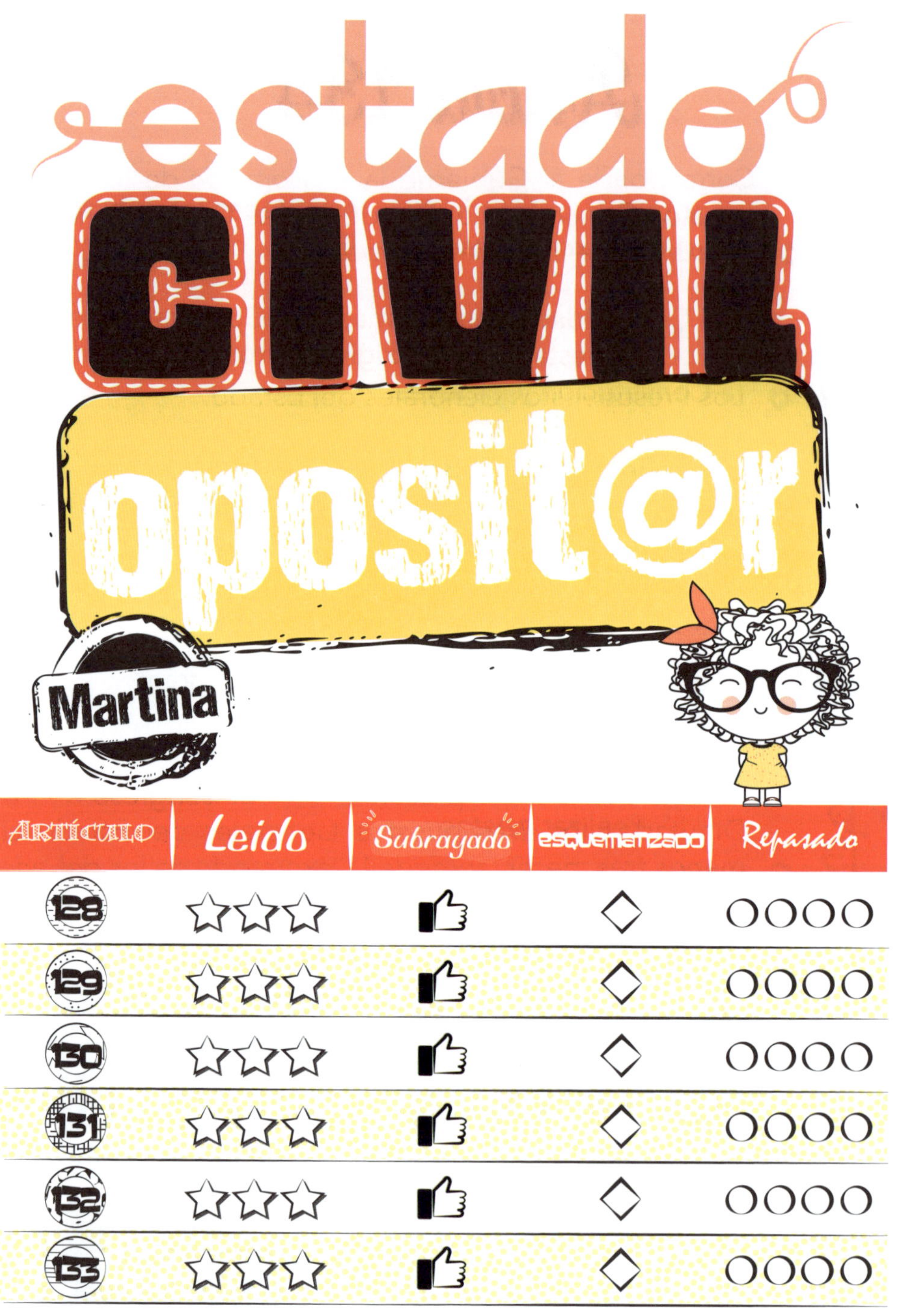

ARTÍCULO	Leido	Subrayado	esquematizado	Repasado
128	☆☆☆	👍	◇	○○○○
129	☆☆☆	👍	◇	○○○○
130	☆☆☆	👍	◇	○○○○
131	☆☆☆	👍	◇	○○○○
132	☆☆☆	👍	◇	○○○○
133	☆☆☆	👍	◇	○○○○

1. Corresponde al **Gobierno** la *elaboración* de los **Presupuestos Generales** del Estado y a las **Cortes Generales** su *examen*, enmienda y *aprobación*.

2. Los Presupuestos Generales del Estado:

 Tendrán **carácter** *anual*

 **Incluirán** la *totalidad* de los *gastos e ingresos* del sector público estatal, y

 En ellos **se consignará** el *importe* de los *beneficios fiscales* que afecten a los *tributos* del *Estado*

3. El **Gobierno** deberá **presentar** ante el **Congreso** de los Diputados los **Presupuestos** Generales del Estado **al menos tres meses** *antes* de la *expiración* de los del *año anterior*.

4. Si la ley de Presupuestos **no se aprobara** *antes del* **primer día** *del ejercicio económico* correspondiente, se considerarán **automáticamente prorrogados** los Presupuestos del ejercicio anterior **hasta** la aprobación de los **nuevos**.

 **Aprobados** los **Presupuestos** Generales del Estado, el **Gobierno** podrá presentar **proyectos de ley** que impliquen:

 Aumento del gasto público

 Disminución de los ingresos

correspondientes al mismo ejercicio presupuestario.

 Toda **proposición** o **enmienda** que **suponga**:

 **Aumento** de los **créditos**

 **Disminución** de los **ingresos** presupuestarios

requerirá la conformidad del Gobierno para su tramitación.

La **Ley** de **Presupuestos** **no puede crear tributos**. Podrá **modificarlos** cuando una **ley tributaria** *sustantiva* así lo **prevea**.

Artículo 135

> *(Este artículo fue objeto de la segunda reforma constitucional promulgada el 27 de septiembre de 2011. B.O.E., núm. 233, de 27 de septiembre de 2011).*

1. Todas las **Administraciones** Públicas adecuarán sus *actuaciones* al **principio** de **estabilidad presupuestaria**.

2. El **Estado** y las **Comunidades Autónomas** no podrán incurrir en un **déficit estructural** que supere los **márgenes** establecidos, en su caso, por la **Unión Europea** para sus Estados Miembros.

Una ley orgánica fijará el déficit estructural máximo permitido al Estado y a las Comunidades Autónomas, en relación con su producto interior bruto.
Las Entidades Locales deberán presentar equilibrio presupuestario.

3. El **Estado** y las **Comunidades Autónomas** habrán de estar **autorizados** por ley para **emitir** *deuda pública* o **contraer** *crédito*.

Los **créditos** para satisfacer los **intereses** y el **capital** de la **deuda** pública de las Administraciones se entenderán siempre incluidos en el estado de gastos de sus presupuestos y su pago gozará de **prioridad absoluta**. Estos créditos **no** podrán ser **objeto** de *enmienda o modificación*, **mientras se ajusten** a las **condiciones** de la **ley** de **emisión**.

El volumen de **deuda pública** del **conjunto** de las **Administraciones Públicas** en *relación* con el **producto** interior bruto del Estado **no podrá superar** el *valor* de *referencia* establecido en el **Tratado** de Funcionamiento de la **Unión** Europea.

4. Los límites de déficit estructural y de volumen de deuda pública **sólo** podrán **superarse** en caso de:

 *Catástrofes* naturales

 *Recesión* económica

 Situaciones de emergencia *extraordinaria*

que **escapen** al **control** del Estado y **perjudiquen considerablemente** la situación financiera o la sostenibilidad económica o social del Estado, **apreciadas** por la **mayoría absoluta** de los miembros del **Congreso** de los Diputados.

5. Una **ley orgánica desarrollará** los *principios* a que se refiere este artículo, así como la *participación*, en los procedimientos respectivos, de los órganos de coordinación institucional entre las Administraciones Públicas en materia de política fiscal y financiera. En todo caso, **regulará**:

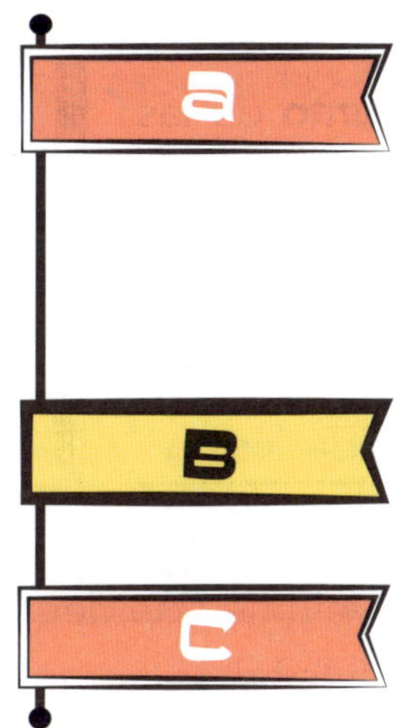

a) La **distribución** de los *límites* de déficit y de deuda entre las distintas Administraciones Públicas, los *supuestos* excepcionales de superación de los mismos y la *forma* y *plazo* de corrección de las desviaciones que sobre uno y otro pudieran producirse.

b) La **metodología** y el **procedimiento** para el *cálculo* del déficit estructural.

c) La **responsabilidad** de cada Administración Pública en caso de *incumplimiento* de los objetivos de estabilidad presupuestaria.

6º Las **Comunidades Autónomas**, de acuerdo con sus respectivos Estatutos y dentro de los límites a que se refiere este artículo, **adoptarán** las **disposiciones que procedan** para la *aplicación efectiva* del principio de estabilidad en sus normas y decisiones presupuestarias.

Artículo 136

1º El **Tribunal de Cuentas** es el **supremo órgano fiscalizador** de las *cuentas* y de la *gestión económica* del Estado, así como del sector público.

Dependerá **directamente** de las **Cortes Generales** y **ejercerá** sus funciones por **delegación** de ellas en el *examen* y *comprobación* de la *Cuenta General* del *Estado*.

 **2.** Las **cuentas** del *Estado* y del *sector público estatal* **se rendirán** al **Tribunal** de **Cuentas** y serán **censuradas** *por éste*.

El Tribunal de Cuentas, sin perjuicio de su propia jurisdicción, **remitirá** a las **Cortes Generales** un **informe anual** en el que, cuando proceda, **comunicará** las **infracciones** o **responsabilidades** en que, a su juicio, se hubiere incurrido.

 **3.** Los **miembros** del Tribunal de Cuentas gozarán de la **misma** independencia e inamovilidad y estarán sometidos a las mismas **incompatibilidades** que los **Jueces**.

 **4.** Una **ley orgánica** regulará:

 La **composición**

 **Organización**

 **Funciones**

del Tribunal de Cuentas.

ARTÍCULO	Leido	Subrayado	esquematizado	Repasado
134	☆☆☆	👍	◇	○○○○
135	☆☆☆	👍	◇	○○○○
136	☆☆☆	👍	◇	○○○○

Título
Octavo
De la organización territorial del Estado

Artículo 137

El **Estado** se **organiza territorialmente** en:

 **Municipios**

 **Provincias**

 En las **Comunidades Autónomas** que se constituyan

> **Todas estas entidades gozan de autonomía para la gestión de sus respectivos intereses.**

Artículo 138

1. El **Estado** **garantiza** la *realización efectiva* del **principio** de **solidaridad** consagrado en el artículo **2** de la Constitución, **velando** por el **establecimiento** de un *equilibrio económico, adecuado* y *justo* entre las **diversas partes** del territorio español, y *atendiendo en particular* a las circunstancias del *hecho insular*.

2. Las **diferencias** entre los **Estatutos** de las distintas Comunidades Autónomas **no podrán implicar**, en **ningún caso**, *privilegios económicos* o *sociales*.

1. Todos los **españoles** tienen los **mismos derechos y obligaciones** en *cualquier parte* del *territorio* del *Estado*.

2. **Ninguna autoridad** podrá **adoptar medidas** que **directa** o **indirectamente** *obstaculicen*:

- La libertad de circulación y establecimiento de las personas

- La libre circulación de bienes

ARTÍCULO	Leido	Subrayado	esquematizado	Repasado
137	★★★	👍	◇	○○○○
138	★★★	👍	◇	○○○○
139	★★★	👍	◇	○○○○

Artículo 140

La **Constitución** **garantiza** la **autonomía** de los **municipios**. Estos gozarán de *personalidad jurídica plena*. Su **gobierno** y **administración** corresponde a sus respectivos **Ayuntamientos**, integrados por los *Alcaldes* y los *Concejales*.

Los **Concejales** serán elegidos por los **vecinos** del municipio mediante sufragio:

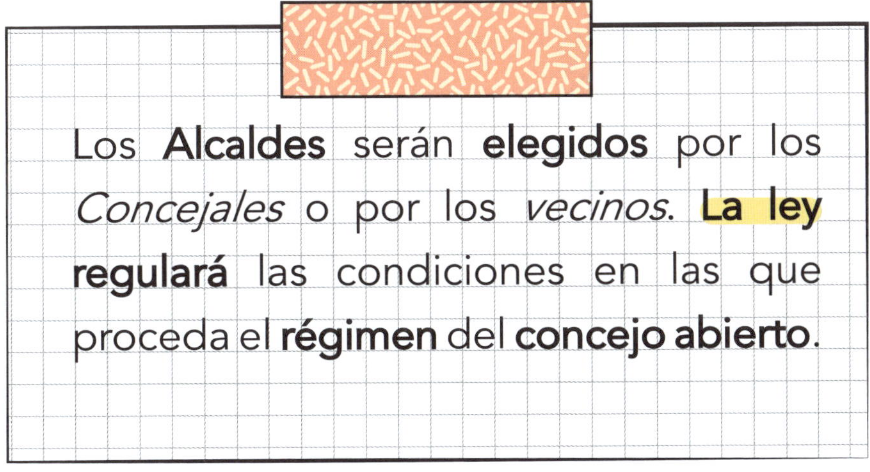

1. La **provincia** es una **entidad local** con personalidad jurídica propia, determinada por:

⟶ La **agrupación** de *municipios,* y

⟶ División territorial para el cumplimiento de las *actividades* del *Estado*

Cualquier **alteración** de los **límites provinciales** habrá de ser aprobada por las Cortes Generales mediante **ley orgánica**.

2. El **gobierno** y la **administración** autónoma de las *provincias* estarán encomendados a **Diputaciones** u **otras Corporaciones** de *carácter representativo*.

3. Se podrán crear agrupaciones de municipios **diferentes** de la provincia.

4. En los **archipiélagos**, las islas tendrán además su administración propia en forma de:

CABILDOS O CONSEJOS.

Artículo 142

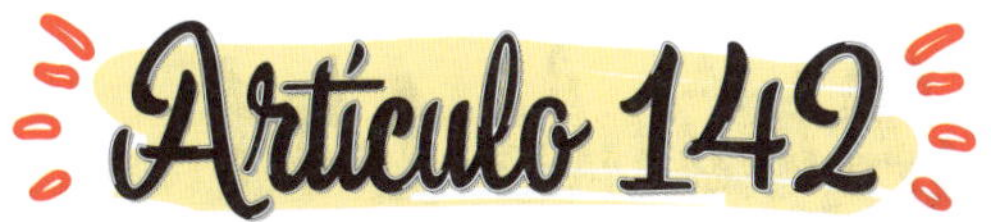

Las **Haciendas locales** deberán disponer de los **medios suficientes** para el *desempeño* de las *funciones* que la ley atribuye a las Corporaciones respectivas y **se nutrirán fundamentalmente** de:

- **Tributos propios**, y
- De **participación** en los del:
  - *Estado* y de
  - Las *Comunidades Autónomas.*

¡Resiste!

y conseguirás TODAS tus metas

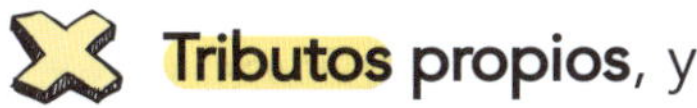

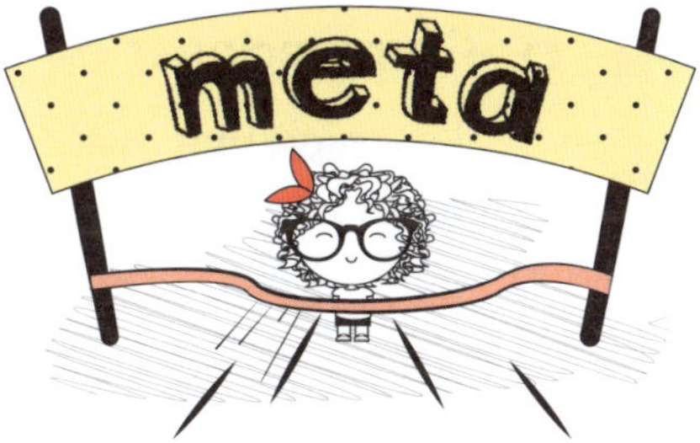

ARTÍCULO	Leído	Subrayado	ESQUEMATIZADO	Repasado
140	☆☆☆	👍	◇	○○○○
141	☆☆☆	👍	◇	○○○○
142	☆☆☆	👍	◇	○○○○

Artículo 143

1. En el ejercicio del derecho a la autonomía reconocido en el artículo 2 de la Constitución, las **provincias limítrofes** con **características** *históricas*, *culturales* y *económicas* comunes, los **territorios insulares** y las **provincias** con *entidad regional histórica* podrán:

> **acceder** a su **autogobierno** y **constituirse** en Comunidades Autónomas con arreglo a lo previsto en este Título y en los respectivos Estatutos.

2. La **iniciativa** del proceso autonómico corresponde a **todas** las Diputaciones interesadas **o** al **órgano interinsular** correspondiente **y** a las **dos terceras partes** de los **municipios** cuya **población** represente, **al menos**, la *mayoría* del *censo electoral* de cada provincia o isla.

Estos requisitos deberán ser cumplidos en el plazo de **seis meses** desde el primer acuerdo adoptado al respecto por alguna de las Corporaciones locales interesadas.

3. La iniciativa, en caso de **no prosperar**, solamente podrá *reiterarse* pasados **cinco años**.

Artículo 144

Las **Cortes Generales**, mediante **ley orgánica**, podrán por motivos de *interés nacional*:

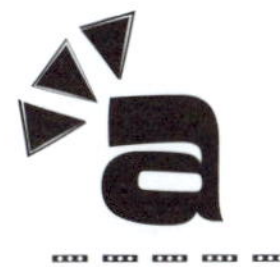

Autorizar la constitución de una Comunidad Autónoma cuando su ámbito territorial **no supere** el de una **provincia** y no reúna las condiciones del apartado 1 del artículo 143.

Autorizar o **acordar**, en su caso, un Estatuto de Autonomía para **territorios** que **no** estén **integrados** en la organización provincial.

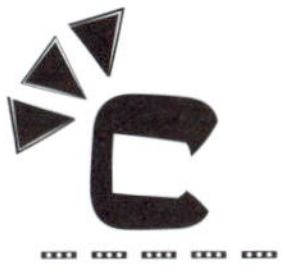

Sustituir la **iniciativa** de las **Corporaciones locales** a que se refiere el apartado 2 del artículo 143.

Artículo 145

1. En **ningún caso** se admitirá la **federación** de Comunidades Autónomas.

2. Los **Estatutos** podrán **prever** los *supuestos, requisitos* y *términos* en que las Comunidades Autónomas podrán celebrar **convenios entre** sí para la *gestión* y *prestación* de *servicios propios* de las mismas, así como el *carácter* y *efectos* de la correspondiente comunicación a las Cortes Generales.

En los **demás supuestos**, los **acuerdos de cooperación** entre las Comunidades Autónomas necesitarán la **autorización** de las **Cortes Generales**.

El **proyecto de Estatuto** será **elaborado** por una **asamblea** compuesta por los **miembros** de la **Diputación** u **órgano interinsular** de las *provincias afectadas* **y** por los **Diputados y Senadores** elegidos en ellas y será **elevado** a las *Cortes Generales* para su tramitación como ley.

1. Dentro de los términos de la presente Constitución, los **Estatutos** serán la **norma institucional básica** de cada Comunidad Autónoma y el **Estado** los **reconocerá y amparará** como parte *integrante* de su *ordenamiento jurídico*.

2. Los Estatutos de autonomía deberán contener:

La **denominación** de la Comunidad que mejor corresponda a su identidad histórica.

La **delimitación** de su *territorio*.

La **denominación**, *organización* y *sede* de las instituciones autónomas propias.

Las **competencias** *asumidas* dentro del marco establecido en la Constitución y las bases para el traspaso de los servicios correspondientes a las mismas.

3. La **reforma** de los Estatutos se ajustará al **procedimiento** *establecido* en los *mismos* y **requerirá**, en todo caso, la **aprobación** por las **Cortes Generales**, mediante **ley orgánica**.

1. Las **Comunidades Autónomas** podrán asumir competencias en las siguientes materias:

1ª Organización de sus *instituciones* de autogobierno.

2ª Las **alteraciones** de los *términos municipales* comprendidos en su territorio y, en general, las funciones que correspondan a la Administración del Estado sobre las Corporaciones locales y cuya transferencia autorice la legislación sobre Régimen Local.

3ª Ordenación del *territorio, urbanismo* y *vivienda*.

4ª Las **obras públicas** de interés de la Comunidad Autónoma en su propio territorio.

5ª Los *ferrocarriles* y *carreteras* cuyo itinerario se desarrolle íntegramente en el territorio de la Comunidad Autónoma y, en los mismos términos, el **transporte** desarrollado por estos medios o por cable.

6ª Los *puertos* de refugio, los puertos y aeropuertos deportivos y, en general, los que no desarrollen actividades comerciales.

  La *agricultura* y *ganadería*, de acuerdo con la ordenación general de la economía.

  Los *montes* y *aprovechamientos forestales*.

  La **gestión** en materia de protección del medio ambiente.

 Los **proyectos**, **construcción** y **explotación** de los *aprovechamientos hidráulicos*, *canales* y *regadíos* de interés de la Comunidad Autónoma; las *aguas minerales* y *termales*.

  La *pesca* en *aguas interiores*, el *marisqueo* y la *acuicultura*, la *caza* y la *pesca fluvial*.

 *Ferias interiores*.

  El **fomento** del *desarrollo económico* de la Comunidad Autónoma dentro de los objetivos marcados por la política económica nacional.

 La *artesanía.*

  *Museos*, *bibliotecas* y *conservatorios* de música de interés para la Comunidad Autónoma.

 *Patrimonio monumental* de interés de la Comunidad Autónoma.

  El **fomento** de la *cultura*, de la *investigación* y, en su caso, de la *enseñanza* de la *lengua* de la Comunidad Autónoma.

 **Promoción** y **ordenación** del *turismo* en su ámbito territorial.

  **19ª** Promoción del deporte y de la adecuada utilización del *ocio*.

 **20ª** *Asistencia social.*

 **21ª** *Sanidad e higiene.*

 **22ª** La **vigilancia** y **protección** de sus edificios e instalaciones. La **coordinación** y demás facultades en relación con las policías locales en los términos que establezca una ley orgánica.

2.º Transcurridos **cinco años**, y mediante la **reforma** de sus Estatutos, las **Comunidades Autónomas** podrán **ampliar** **sucesivamente** sus competencias dentro del **marco** establecido en el artículo **149**.

ARTÍCULO	Leído	Subrayado	esquematizado	Repasado
143	☆☆☆	👍	◇	○○○○
144	☆☆☆	👍	◇	○○○○
145	☆☆☆	👍	◇	○○○○
146	☆☆☆	👍	◇	○○○○
147	☆☆☆	👍	◇	○○○○
148	☆☆☆	👍	◇	○○○○

Artículo 149

 El **Estado** tiene **competencia exclusiva** sobre las siguientes materias:

1ª La **regulación** de las **condiciones básicas** que garanticen la *igualdad* de todos los *españoles* en el ejercicio de los *derechos* y en el *cumplimiento* de los deberes constitucionales.

2ª *Nacionalidad, inmigración, emigración, extranjería* y derecho de *asilo*.

3ª *Relaciones internacionales.*

4ª *Defensa* y *Fuerzas Armadas*.

5ª Administración de *Justicia*.

6ª **Legislación** *mercantil, penal* y *penitenciaria*; **legislación** *procesal*, sin perjuicio de las necesarias especialidades que en este orden se deriven de las particularidades del derecho sustantivo de las Comunidades Autónomas.

7ª **Legislación** *laboral*, sin perjuicio de su ejecución por los órganos de las Comunidades Autónomas.

8ª **Legislación** *civil*, sin perjuicio de la conservación, modificación y desarrollo por las Comunidades Autónomas de los derechos civiles, forales o especiales, allí donde existan.

> En todo caso, las reglas relativas a la aplicación y eficacia de las normas jurídicas, relaciones jurídico-civiles relativas a las formas de *matrimonio*, ordenación de los *registros* e instrumentos públicos, *bases* de las *obligaciones contractuales*, normas para resolver los *conflictos* de leyes y determinación de las *fuentes* del *Derecho*, con respeto, en este último caso, a las normas del derecho foral o especial.

 **9ª** **Legislación** sobre *propiedad intelectual* e *industrial*.

 **10ª** **Régimen** *aduanero* y *arancelario*; *comercio exterior*.

  **11ª** **Sistema monetario**: *divisas cambio* y *convertibilidad*; **bases** de la **ordenación** de *crédito*, *banca* y *seguros*.

 **12ª** **Legislación** sobre *pesas* y *medidas*, determinación de la *hora oficial*.

 **13ª** **Bases** y **coordinación** de la *planificación general* de la *actividad económica*.

 **14ª** *Hacienda general* y *Deuda* del *Estado*.

 **15ª** **Fomento** y **coordinación** general de la *investigación científica* y *técnica*.

 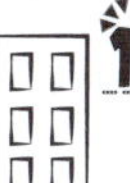 **16ª** Sanidad exterior. **Bases** y **coordinación general** de la *sanidad*. **Legislación** sobre *productos farmacéuticos*.

17ª **Legislación básica** y *régimen económico* de la *Seguridad Social*, sin perjuicio de la ejecución de sus servicios por las Comunidades Autónomas.

18ª Las **bases** del *régimen jurídico* de las Administraciones Públicas y del régimen *estatutario* de sus *funcionarios* que, en todo caso, garantizarán a los administrados un tratamiento común ante ellas; el *procedimiento administrativo común*, sin perjuicio de las especialidades derivadas de la organización propia de las Comunidades Autónomas; legislación sobre expropiación forzosa; *legislación básica* sobre *contratos* y *concesiones administrativas* y el *sistema* de *responsabilidad* de todas las Administraciones Públicas.

19ª *Pesca marítima*, sin perjuicio de las competencias que en la ordenación del sector se atribuyan a las Comunidades Autónomas.

20ª *Marina mercante* y *abanderamiento* de *buques*; *iluminación* de *costas* y *señales marítimas*; *puertos* de *interés general*; *aeropuertos* de interés *general*; *control* del *espacio aéreo, tránsito* y *transporte aéreo, servicio meteorológico* y *matriculación* de *aeronaves*.

21ª *Ferrocarriles* y *transportes terrestres* que transcurran por el territorio de *más* de *una Comunidad* Autónoma; **régimen general** de *comunicaciones*; *tráfico* y *circulación* de vehículos a motor; *correos* y *telecomunicaciones*; *cables aéreos, submarinos* y *radiocomunicación*.

22ª La **legislación**, **ordenación** y **concesión** de *recursos* y *aprovechamientos hidráulicos* cuando las aguas discurran por más de una Comunidad Autónoma, y la **autorización** de las *instalaciones eléctricas* cuando su aprovechamiento afecte a otra Comunidad o el *transporte* de *energía* salga de su ámbito territorial.

23ª **Legislación básica** sobre *protección* del *medio ambiente*, sin perjuicio de las facultades de las Comunidades Autónomas de establecer normas adicionales de protección. La **legislación básica** sobre *montes, aprovechamientos forestales* y *vías pecuarias*.

24ª *Obras públicas* de interés general o cuya realización afecte a *más de una* Comunidad Autónoma.

25ª **Bases** del *régimen minero* y *energético*.

26ª **Régimen** de *producción, comercio, tenencia* y *uso de armas* y *explosivos*.

27ª **Normas básicas** del régimen de *prensa, radio* y *televisión* y, en general, de todos los medios de comunicación social, sin perjuicio de las facultades que en su desarrollo y ejecución correspondan a las Comunidades Autónomas.

28ª **Defensa** del *patrimonio cultural, artístico* y *monumental* español contra la exportación y la expoliación; *museos, bibliotecas* y *archivos* de titularidad *estatal*, sin perjuicio de su gestión por parte de las Comunidades Autónomas.

29ª *Seguridad pública*, sin perjuicio de la posibilidad de creación de policías por las Comunidades Autónomas en la forma que se establezca en los respectivos Estatutos en el marco de lo que disponga una ley orgánica.

30ª **Regulación** de las condiciones de obtención, expedición y homologación de *títulos académicos y profesionales* y **normas básicas** para el desarrollo del artículo 27 de la Constitución, a fin de garantizar el cumplimiento de las obligaciones de los poderes públicos en esta materia.

31ª *Estadística* para *fines estatales*.

32ª *Autorización* para la convocatoria de consultas populares por vía de *referéndum*.

2. Sin perjuicio de las competencias que podrán asumir las Comunidades Autónomas, el Estado considerará el servicio de la **cultura** como **deber** y **atribución esencial** y facilitará la **comunicación cultural** entre las **Comunidades Autónomas**, de acuerdo con ellas.

3. Las materias no atribuidas expresamente al Estado por esta Constitución **podrán corresponder** a las **Comunidades Autónomas**, en virtud de sus respectivos **Estatutos**. La competencia sobre las materias que **no** se hayan **asumido** por los **Estatutos de Autonomía** corresponderá al Estado, cuyas **normas prevalecerán**, en caso de *conflicto*, *sobre* las de las *Comunidades Autónomas* en todo lo que no esté atribuido a la exclusiva competencia de éstas.

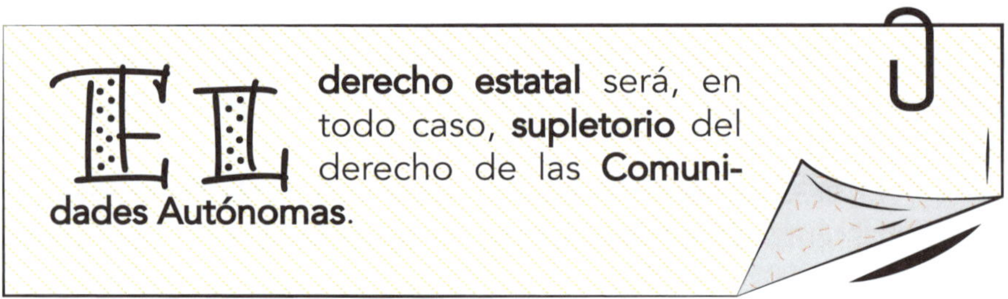

El **derecho estatal** será, en todo caso, **supletorio** del derecho de las **Comunidades Autónomas**.

Artículo 150

1. Las **Cortes Generales**, en materias de competencia estatal, podrán **atribuir** a todas o a alguna de las Comunidades Autónomas la **facultad** de **dictar**, para sí mismas, *normas legislativas* en el **marco** de los:

 *Principios*

 *Bases*

 *Directrices*

(FIJADOS POR UNA LEY ESTATAL.)

Sin perjuicio de la competencia de los *Tribunales*, en cada ley marco se **establecerá** la **modalidad** del **control** de las Cortes Generales sobre estas normas legislativas de las Comunidades Autónomas.

2. **El Estado** podrá **transferir o delegar** en las Comunidades Autónomas, **mediante ley orgánica**, *facultades* correspondientes a materia de titularidad estatal que por su propia naturaleza sean *susceptibles* de *transferencia* o *delegación*. La ley preverá en cada caso la **correspondiente transferencia** de *medios financieros*, así como las *formas de control* que se reserve el Estado.

3. **El Estado** podrá **dictar leyes** que establezcan los **principios necesarios** para **armonizar** las disposiciones normativas de las Comunidades Autónomas, aun en el caso de materias atribuidas a la competencia de éstas, cuando así lo exija el **interés general**. Corresponde a las **Cortes Generales**, por **mayoría absoluta de cada Cámara**, la **apreciación** de esta **necesidad**.

Artículo 151

1. **No** será **preciso** dejar transcurrir el **plazo de cinco años**, a que se refiere el apartado 2 del artículo 148, **cuando** la **iniciativa del proceso autonómico** sea acordada dentro del plazo del artículo 143.2, **además** de por las Diputaciones o los órganos interinsulares correspondientes, por las **tres cuartas partes** de los *municipios* de cada una de las *provincias afectadas* que representen, al menos, la *mayoría del censo electoral* de cada una de ellas y dicha iniciativa sea ratificada mediante *referéndum* por el voto *afirmativo* de la *mayoría absoluta* de los electores de cada provincia en los términos que establezca una **ley orgánica**.

2. En el supuesto previsto en el apartado anterior, el procedimiento para la elaboración del Estatuto será el siguiente:

El **Gobierno convocará** a todos los Diputados y Senadores elegidos en las circunscripciones comprendidas en el ámbito territorial que pretenda acceder al autogobierno, para que se constituyan en Asamblea, a los solos efectos de elaborar el correspondiente proyecto de Estatuto de Autonomía, mediante el acuerdo de la mayoría absoluta de sus miembros.

Aprobado el proyecto de Estatuto por la Asamblea de Parlamentarios, **se remitirá** a la Comisión Constitucional del Congreso, la cual, dentro del plazo de dos meses, lo examinará con el concurso y asistencia de una delegación de la Asamblea proponente para determinar de común acuerdo su formulación definitiva.

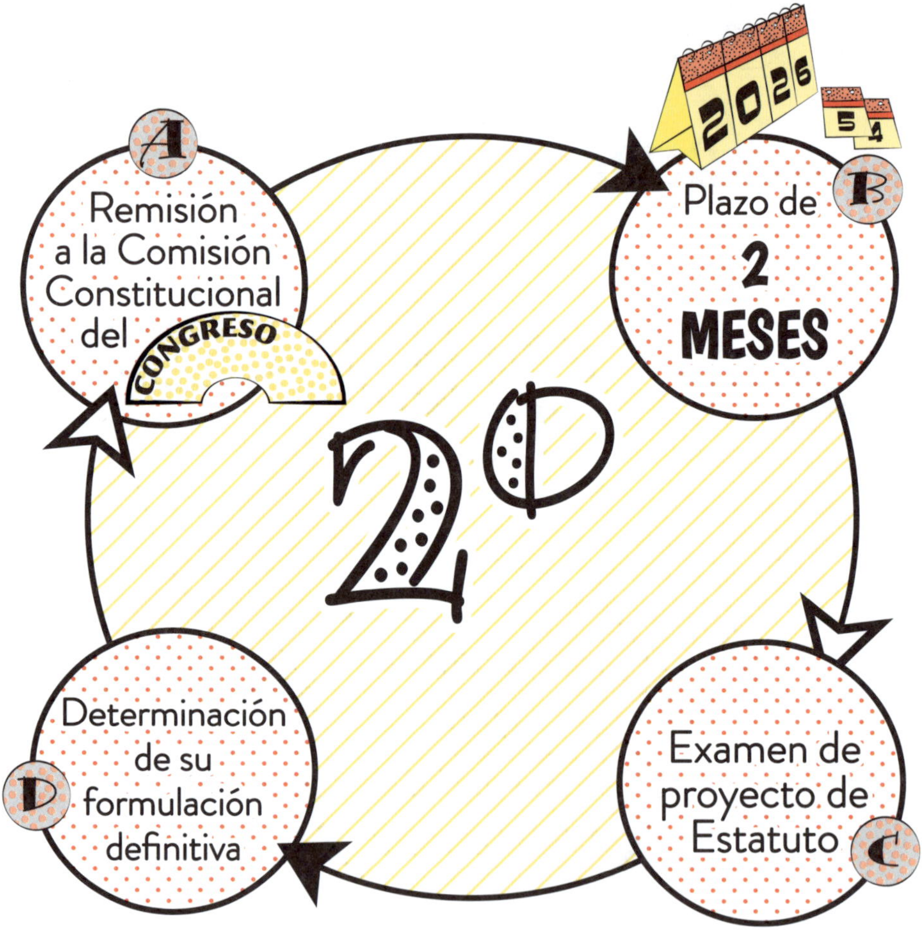

Si se alcanzare dicho acuerdo, el texto resultante será **sometido** a **referéndum** del cuerpo electoral de las provincias comprendidas en el ámbito territorial del proyectado Estatuto.

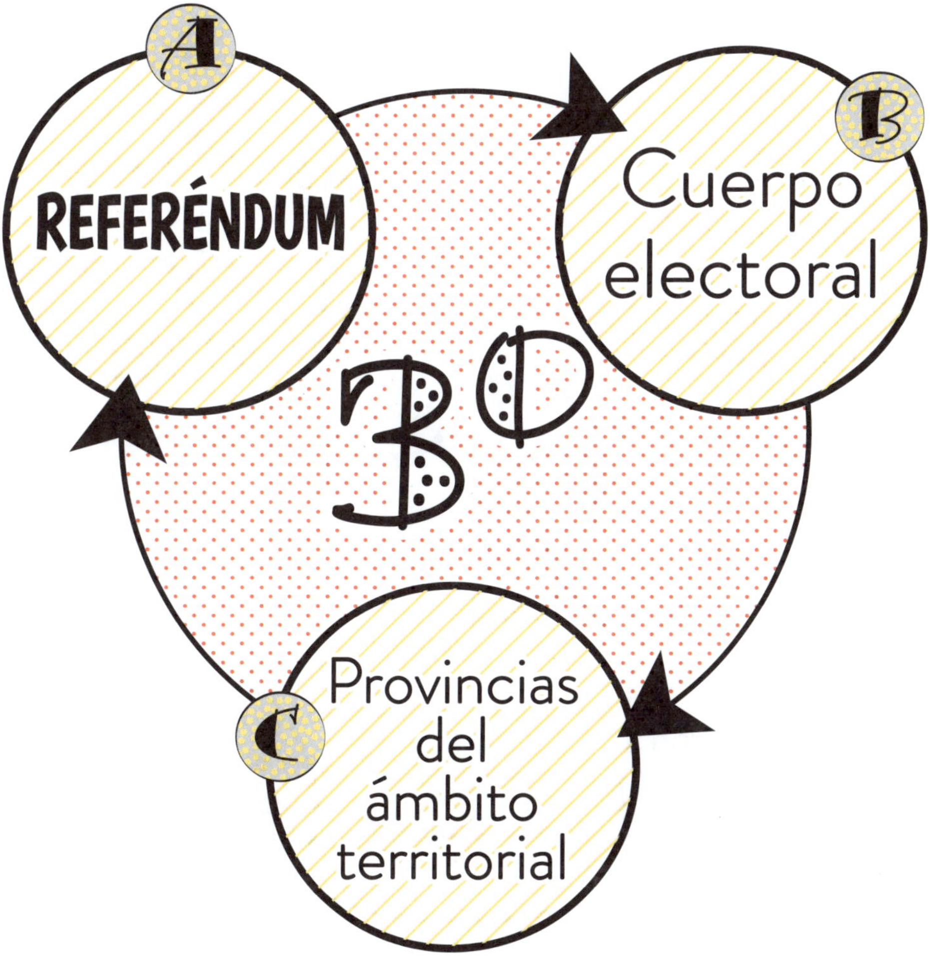

Si el proyecto de Estatuto es aprobado en cada provincia por la mayoría de los votos válidamente emitidos, será **elevado** a las **Cortes Generales**. Los Plenos de ambas Cámaras decidirán sobre el texto mediante un voto de ratificación. Aprobado el Estatuto, el Rey lo sancionará y lo promulgará como ley.

5.º De no alcanzarse el acuerdo a que se refiere el apartado 2.º de este número, el proyecto de Estatuto será **tramitado** como **proyecto** de **ley** ante las Cortes Generales. El texto aprobado por éstas será **sometido** a **referéndum** del cuerpo electoral de las provincias comprendidas en el ámbito territorial del proyectado Estatuto. En caso de ser aprobado por la mayoría de los votos válidamente emitidos en cada provincia, procederá su **promulgación** en los términos del párrafo anterior.

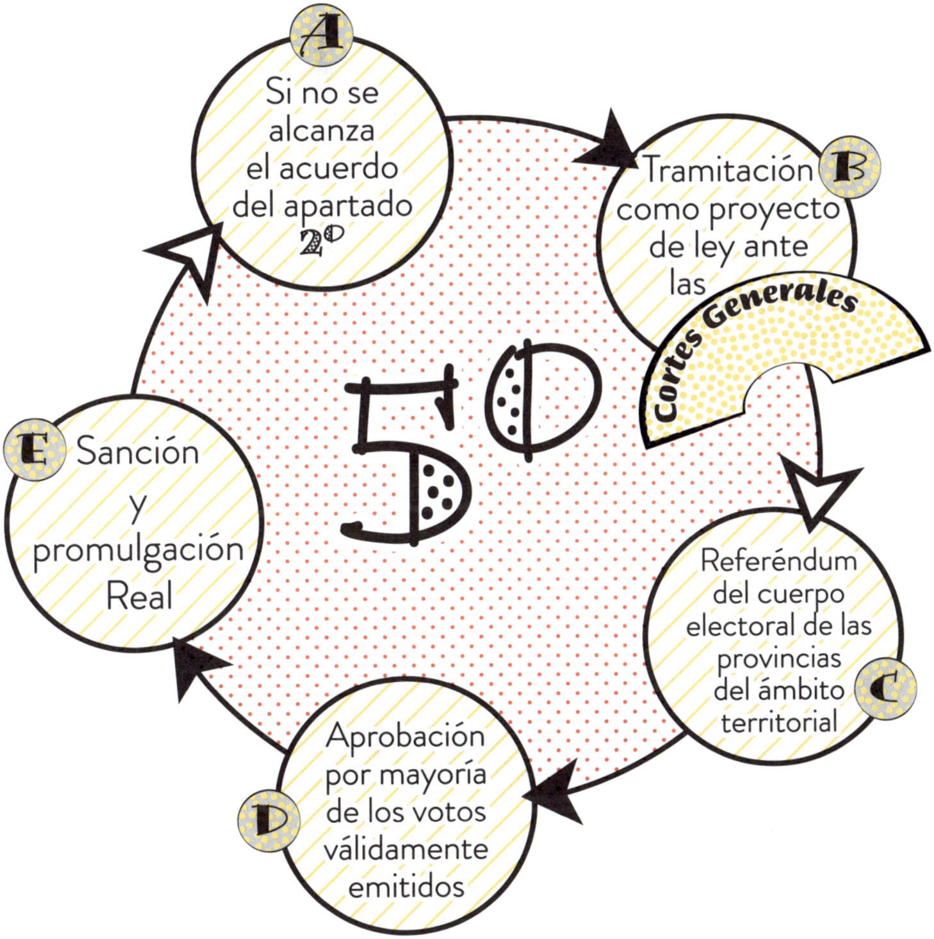

 **3.** En los casos de los párrafos 4.º y 5.º del apartado anterior, la no aprobación del proyecto de Estatuto por una o varias provincias no impedirá la constitución entre las restantes de la Comunidad Autónoma proyectada, en la forma que establezca la ley orgánica prevista en el apartado 1 de este artículo.

Artículo 152

1. En los **Estatutos aprobados** por el **procedimiento** a que se refiere el **artículo anterior**, la organización institucional autonómica se basará en:

- Una **Asamblea Legislativa**, **elegida por sufragio universal**, con arreglo a un sistema de *representación proporcional* que asegure, además, la representación de las diversas zonas del territorio

- Un **Consejo de Gobierno** con funciones *ejecutivas* y *administrativas*

- Un **Presidente**, **elegido** por la **Asamblea**, de entre sus miembros, y **nombrado** por el **Rey**, al que corresponde:

  - La **dirección** del *Consejo de Gobierno*

  - La **suprema representación** de la respectiva *Comunidad*

  - La **representación ordinaria** del *Estado* en la *Comunidad*

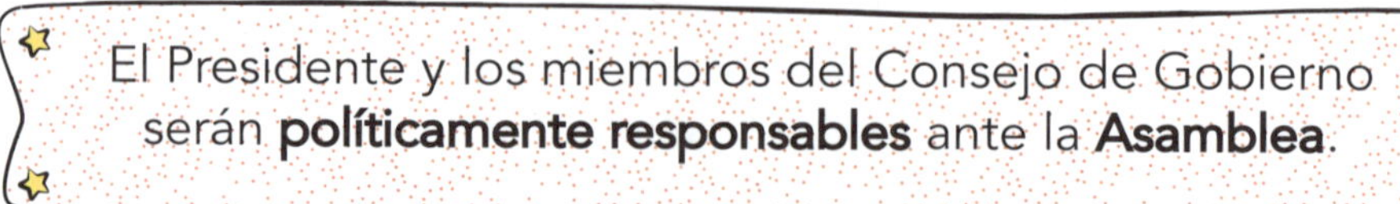

Un **Tribunal Superior de Justicia**, sin perjuicio de la jurisdicción que corresponde al Tribunal Supremo, culminará la organización judicial en el ámbito territorial de la Comunidad Autónoma.

En los **Estatutos** de las Comunidades Autónomas podrán establecerse los **supuestos** y las **formas de participación** de aquéllas en la *organización* de las *demarcaciones judiciales* del territorio.

> Todo ello de conformidad con lo previsto en la **ley orgánica del poder judicial** y dentro de la **unidad** e **independencia** de éste.

Sin perjuicio de lo dispuesto en el artículo **123**, las **sucesivas instancias procesales**, en su caso, **se agotarán** ante **órganos judiciales radicados** en el mismo territorio de la *Comunidad Autónoma* en que esté el *órgano competente* en *primera instancia*.

2. Una vez **sancionados** y **promulgados** los respectivos **Estatutos**, *solamente* podrán ser **modificados** mediante los **procedimientos** en ellos **establecidos** y con **referéndum** entre los electores *inscritos* en los *censos correspondientes*.

3. Mediante la **agrupación de municipios limítrofes**, los **Estatutos** podrán establecer **circunscripciones** *territoriales propias*, que gozarán de plena *personalidad jurídica*.

Artículo 153

El **control** de la **actividad** de los **órganos** de las **Comunidades Autónomas** se ejercerá:

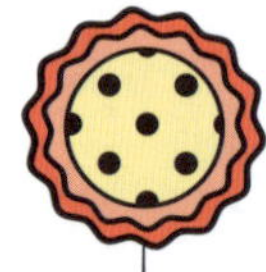

a. Por el **Tribunal Constitucional**, el relativo a la *constitucionalidad* de sus disposiciones normativas con fuerza de ley.

B. Por el **Gobierno**, previo dictamen del Consejo de Estado, el del ejercicio de *funciones delegadas* a que se refiere el apartado 2 del artículo 150.

C. Por la **jurisdicción contencioso-administrativa**, el de la *administración autónoma* y sus *normas reglamentarias*.

D. Por el **Tribunal de Cuentas**, el *económico y presupuestario*.

Artículo 154

Un **Delegado** *nombrado* por el **Gobierno** **dirigirá** la **Administración** del **Estado** en el **territorio** de la **Comunidad Autónoma** y la coordinará, *cuando proceda*, con la *administración* propia de la *Comunidad*.

ARTÍCULO	Leido	Subrayado	Esquematizado	Repasado
149	☆☆☆	👍	◇	○○○○
150	☆☆☆	👍	◇	○○○○
151	☆☆☆	👍	◇	○○○○
152	☆☆☆	👍	◇	○○○○
153	☆☆☆	👍	◇	○○○○
154	☆☆☆	👍	◇	○○○○

1. Si una **Comunidad Autónoma**:

No cumpliere las **obligaciones** que la *Constitución* u *otras leyes* le impongan

Actuare de forma que **atente gravemente** al **interés general** de España

El **Gobierno**, **previo requerimiento** al Presidente de la Comunidad Autónoma y, en el caso de **no** ser **atendido**, con la **aprobación** por **mayoría absoluta** del **Senado**, podrá adoptar las *medidas necesarias*:

Para **obligar** a aquélla al **cumplimiento forzoso** de dichas *obligaciones* o

Para la **protección** del mencionado *interés general*

2. Para la **ejecución** de las medidas previstas en el apartado anterior, el **Gobierno podrá dar instrucciones** a *todas las autoridades* de las *Comunidades Autónomas*.

Artículo 156

1. Las Comunidades Autónomas gozarán de **autonomía financiera** para el **desarrollo** y **ejecución** de sus **competencias** con arreglo a los **principios** de:

 **Coordinación** con la *Hacienda estatal*

 **Solidaridad** entre *todos* los *españoles*

2. Las Comunidades Autónomas **podrán actuar** como **delegados** o **colaboradores** del **Estado** para la:

Recaudación

Gestión

Liquidación

de los **recursos tributarios** de aquél, de acuerdo con las **leyes** y los **Estatutos**.

1.º Los **recursos** de las **Comunidades Autónomas** estarán constituidos por:

a) Impuestos **cedidos** *total* o *parcialmente* por el **Estado**; **recargos** sobre *impuestos estatales* y *otras participaciones* en los *ingresos* del Estado.

b) Sus **propios:**

 Impuestos

 Tasas

 Contribuciones especiales

c) **Transferencias** de un **Fondo de Compensación Interterritorial** y *otras* **asignaciones** *con cargo* a los **Presupuestos Generales** del **Estado**.

d) **Rendimientos** procedentes de **su patrimonio** e **ingresos** de **derecho privado**.

e) El **producto** de las **operaciones** de **crédito**.

 **2.** Las **Comunidades Autónomas no** podrán en ningún caso **adoptar medidas tributarias:**

 Sobre **bienes** situados **fuera** de **su territorio** o

 Que supongan **obstáculo** para la **libre circulación** de:

 *Mercancías*

 *Servicios*

 **3.** Mediante **ley orgánica** podrá regularse:

 El ejercicio de las **competencias financieras** enumeradas en el precedente apartado 1

 Las **normas** para resolver los **conflictos** que pudieran surgir

 Las posibles **formas** de **colaboración financiera** entre las Comunidades Autónomas y el Estado

1. En los **Presupuestos Generales del Estado podrá** establecerse una asignación a las Comunidades Autónomas en función:

- ☀ Del **volumen** de los *servicios* y *actividades estatales* que hayan *asumido*

- ☀ De la **garantía** de un *nivel mínimo* en la *prestación* de los *servicios* públicos *fundamentales* en todo el territorio español

2. Con el fin de **corregir desequilibrios económicos interterritoriales** y hacer efectivo el *principio de solidaridad*, se constituirá un **Fondo** de **Compensación** con destino a **gastos de inversión**, cuyos recursos serán **distribuidos** por las **Cortes Generales** entre las *Comunidades Autónomas* y *provincias*, en su caso.

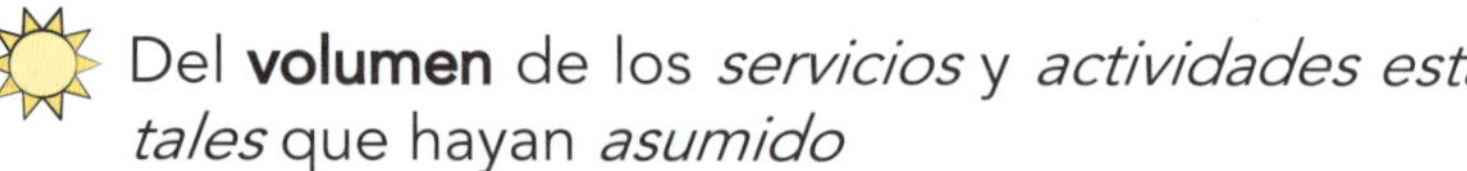

ARTÍCULO	Leído	Subrayado	esquematizado	Repasado
155	☆☆☆	👍	◇	○○○○
156	☆☆☆	👍	◇	○○○○
157	☆☆☆	👍	◇	○○○○
158	☆☆☆	👍	◇	○○○○

Título
Noveno
Del Tribunal
Constitucional
LA CONSTITUCIÓN ESPAÑOLA

1. El Tribunal Constitucional se compone de **12 miembros** nombrados por el **Rey:**

 Cuatro a propuesta del Congreso por mayoría de tres quintos de sus miembros

 Cuatro a propuesta del Senado, con idéntica mayoría

 Dos a propuesta del Gobierno

 Dos a propuesta del Consejo General del Poder Judicial

2. Los miembros del Tribunal Constitucional deberán ser **nombrados** entre:

 *Magistrados* y *Fiscales*

 *Profesores* de *Universidad*

 *Funcionarios públicos*

 *Abogados*

 **3.** Los miembros del Tribunal Constitucional serán **designados** por un período de **nueve años** y se **renovarán** por **terceras partes** cada **tres**.

 **4.** La condición de miembro del Tribunal Constitucional es **incompatible**:

 Con todo **mandato representativo**

 Con los **cargos políticos** o **administrativos**

 Con el desempeño de **funciones directivas** en un partido político o en un sindicato y con **el empleo al servicio** de los mismos

 Con el ejercicio de las **carreras judicial y fiscal**

 Con **cualquier** actividad profesional o mercantil

En lo demás, los miembros del Tribunal Constitucional tendrán las **incompatibilidades** propias de los miembros del **poder judicial**.

 **5.** Los miembros del Tribunal Constitucional serán **independientes** e **inamovibles** en el ejercicio de su mandato.

Artículo 160

El **Presidente** del Tribunal Constitucional será **nombrado** entre sus miembros por el **Rey**, a **propuesta** del **mismo Tribunal** en pleno y por un período de **tres años**.

Artículo 161

1. El Tribunal Constitucional tiene **jurisdicción** en **todo el territorio español** y es competente para **conocer**:

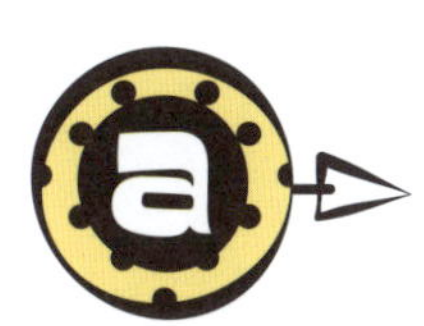

Del **recurso de inconstitucionalidad** contra *leyes* y *disposiciones* normativas con *fuerza de ley*. La declaración de inconstitucionalidad de una norma jurídica con rango de ley, interpretada por la jurisprudencia, afectará a ésta, si bien la sentencia o sentencias recaídas no perderán el valor de cosa juzgada.

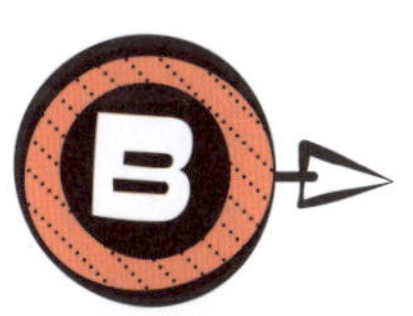

Del **recurso de amparo** por *violación* de los *derechos* y *libertades* referidos en el artículo *53.2*, de esta Constitución, en los **casos** y **formas** que la **ley** establezca.

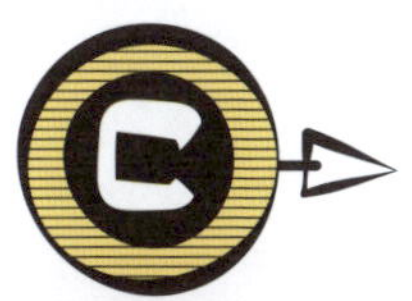

De los **conflictos** de **competencia** entre el Estado y las Comunidades Autónomas o de los de éstas entre sí.

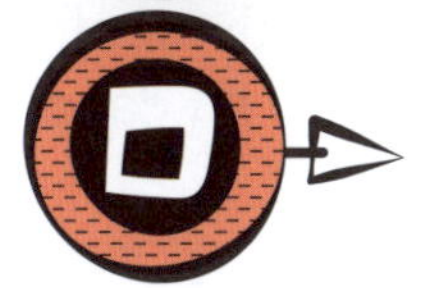

De las **demás materias** que le atribuyan la **Constitución** o las **leyes orgánicas**.

 **2.** El **Gobierno** podrá **impugnar** ante el Tribunal Constitucional las *disposiciones* y *resoluciones* adoptadas por los *órganos* de las *Comunidades Autónomas*.

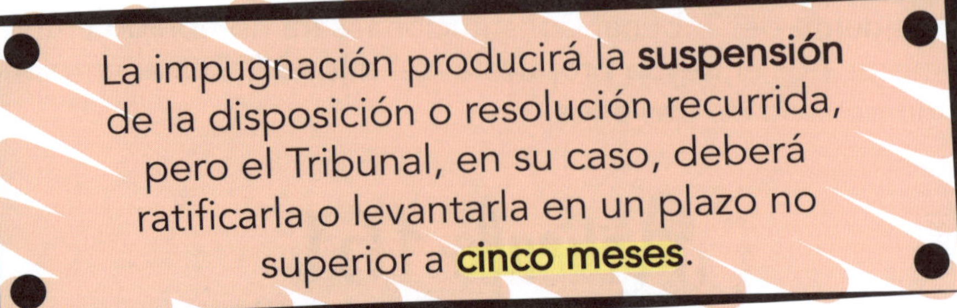

 **1.** Están legitimados:

Para interponer el **recurso** de **inconstitucionalidad**:

⟶ El Presidente del Gobierno

⟶ El Defensor del Pueblo

⟶ 50 Diputados

⟶ 50 Senadores

⟶ Los órganos colegiados ejecutivos de las Comunidades Autónomas y, en su caso, las Asambleas de las mismas

Para interponer el **recurso** de **amparo**:

⟶ Toda persona natural o jurídica que invoque un interés legítimo

⟶ El Defensor del Pueblo

⟶ El Ministerio Fiscal

2. En los *demás casos*, la **ley orgánica** determinará las **personas** y **órganos legitimados**.

Cuando un **órgano judicial** considere, en algún proceso, que una **norma** con **rango de ley**, aplicable al caso, de cuya *validez dependa el fallo*, pueda ser **contraria** a la **Constitución**, planteará la **cuestión** ante el Tribunal Constitucional en los *supuestos*, en la *forma* y con los *efectos* que establezca **la ley**, que *en ningún caso serán suspensivos*.

Artículo 164

1.o Las **sentencias** del Tribunal Constitucional **se publicarán** en el **Boletín Oficial del Estado** con los *votos particulares*, si los hubiere. Tienen el **valor** de **cosa juzgada** a partir del *día siguiente* de su *publicación* y *no cabe recurso alguno* contra ellas.

Las que **declaren** la *inconstitucionalidad* de una ley o de una *norma* con *fuerza de ley* y todas las que *no* se limiten a la *estimación subjetiva de un derecho*, tienen **plenos efectos frente a todos**.

2.o **Salvo** que en el **fallo** se disponga **otra cosa**, subsistirá la *vigencia* de la *ley* en la *parte no afectada* por la inconstitucionalidad.

Artículo 165

Una **ley orgánica** regulará:

 El funcionamiento del Tribunal Constitucional

 El estatuto de sus miembros

 El procedimiento ante el mismo

 Las condiciones para el ejercicio de las acciones

ARTÍCULO	Leido	Subrayado	Esquematizado	Repasado
159	★★★	👍	◇	○○○○
160	★★★	👍	◇	○○○○
161	★★★	👍	◇	○○○○
162	★★★	👍	◇	○○○○
163	★★★	👍	◇	○○○○
164	★★★	👍	◇	○○○○
165	★★★	👍	◇	○○○○

Título
Décimo
De la reforma
constitucional
LA CONSTITUCIÓN ESPAÑOLA

Artículo 166

La **iniciativa de reforma** constitucional se ejercerá en los términos previstos en los apartados **1 y 2** del artículo **87**.

Artículo 167

1. Los proyectos de reforma constitucional deberán ser aprobados por una mayoría de **tres quintos** de **cada** una de las Cámaras.

Si **no** hubiera **acuerdo** entre ambas, se intentará obtenerlo mediante la creación de una **Comisión** de composición **paritaria** de Diputados y Senadores, que presentará un texto que será votado por el Congreso y el Senado.

2. De **no** lograrse la aprobación mediante el procedimiento del apartado anterior, y siempre que el texto hubiere obtenido el voto favorable de la mayoría **absoluta** del **Senado**, el **Congreso**, por mayoría de **dos tercios**, podrá aprobar la reforma.

3. Aprobada la reforma por las Cortes Generales, será sometida a **referéndum** para su ratificación cuando así lo soliciten, dentro de los **quince días siguientes** a su aprobación, **una décima parte** de los miembros de cualquiera de las Cámaras.

1.  Cuando se propusiere la **revisión**:

 Total de la Constitución

Parcial que afecte:

    ✖ Al Título preliminar

    ✖ Al Capítulo segundo, Sección 1.ª del Título I

    ✖ Al Título II

se procederá a la aprobación del principio por mayoría de **dos tercios** de **cada Cámara**, y a la **disolución inmediata** de las Cortes.

2. Las Cámaras **elegidas** deberán **ratificar** la decisión y proceder al **estudio** del **nuevo** texto constitucional, que deberá ser aprobado por mayoría de **dos tercios** de am-bas Cámaras.

3.  **Aprobada** la reforma por las Cortes Generales, será so-metida a **referéndum** para su ratificación.

Artículo 169

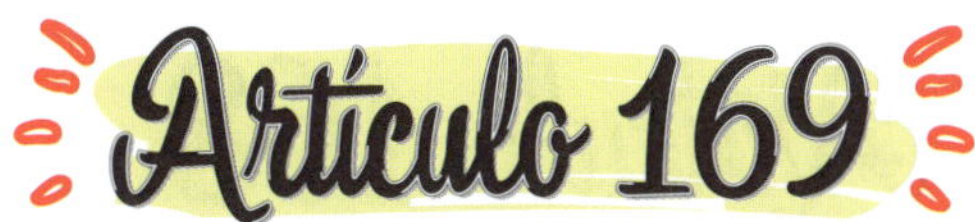

No podrá iniciarse la reforma constitucional en tiempo de guerra o de vigencia de alguno de los **estados** previstos en el artículo **116**.

QUE NADA

ni nadie

CONDICIONE

tus objetivos

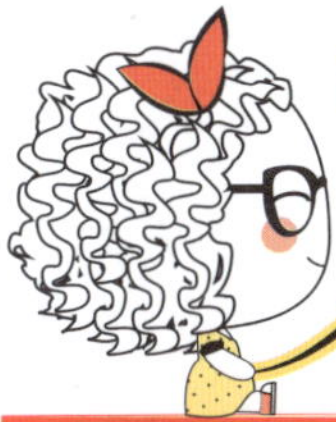

ARTÍCULO	Leído	Subrayado	esquematizado	Repasado
166	☆☆☆	👍	◇	○○○○
167	☆☆☆	👍	◇	○○○○
168	☆☆☆	👍	◇	○○○○
169	☆☆☆	👍	◇	○○○○

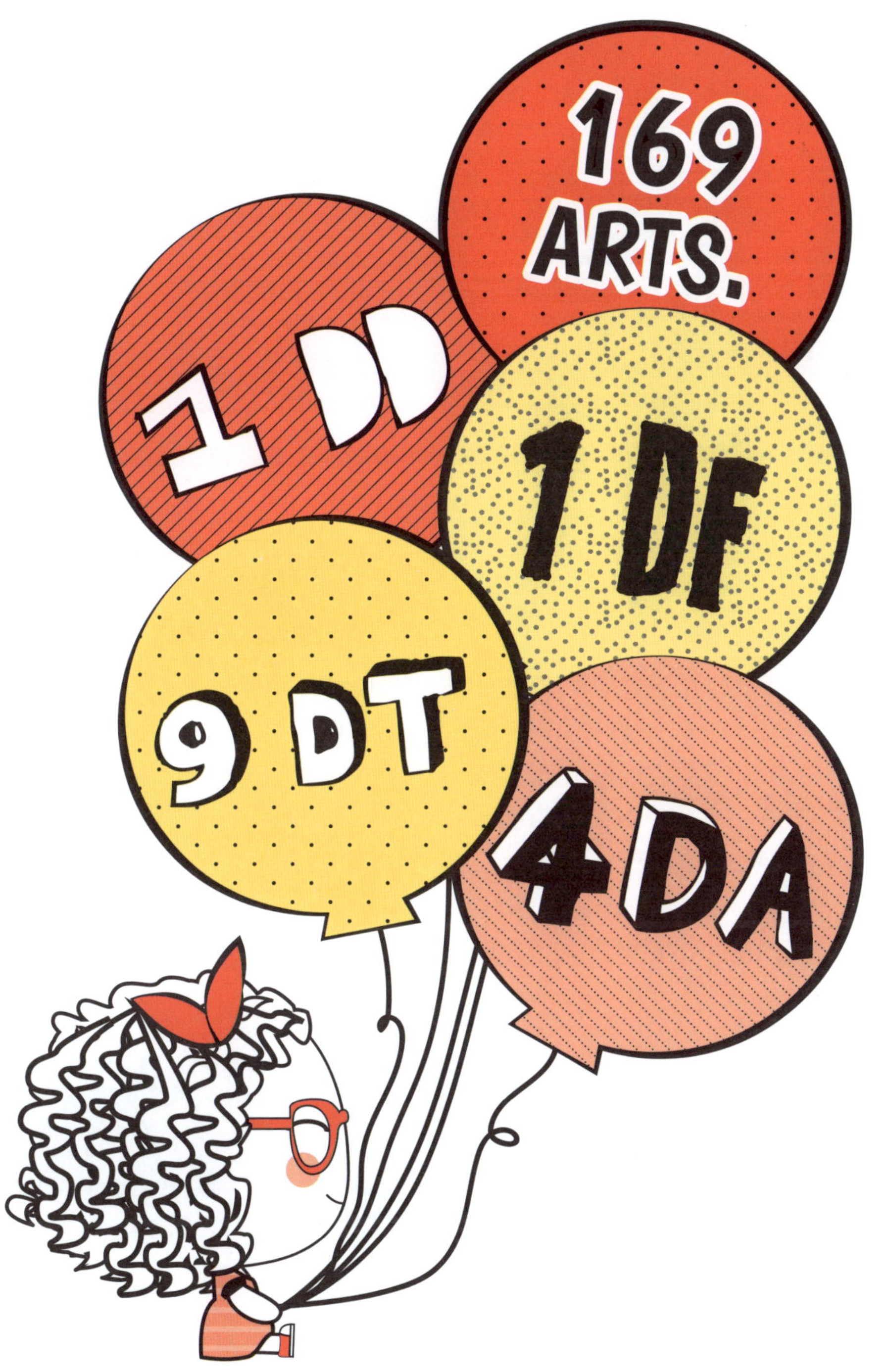
169 ARTS.
1 DD
1 DF
9 DT
4 DA

DISPOSICIÓN ADICIONAL PRIMERA

La Constitución ampara y respeta los derechos históricos de los territorios forales.

La actualización general de dicho régimen foral se llevará a cabo, en su caso, en el marco de la Constitución y de los Estatutos de Autonomía.

DISPOSICIÓN ADICIONAL SEGUNDA

La declaración de mayoría de edad contenida en el artículo 12 de esta Constitución no perjudica las situaciones amparadas por los derechos forales en el ámbito del Derecho privado.

DISPOSICIÓN ADICIONAL TERCERA

La modificación del régimen económico y fiscal del archipiélago canario requerirá informe previo de la Comunidad Autónoma o, en su caso, del órgano provisional autonómico.

DISPOSICIÓN ADICIONAL CUARTA

En las Comunidades Autónomas donde tengan su sede más de una Audiencia Territorial, los Estatutos de Autonomía respectivos podrán mantener las existentes, distribuyendo las competencias entre ellas, siempre de conformidad con lo previsto en la ley orgánica del poder judicial y dentro de la unidad e independencia de éste.

DISPOSICIÓN TRANSITORIA PRIMERA

En los territorios dotados de un régimen provisional de autonomía, sus órganos colegiados superiores, mediante acuerdo adoptado por la mayoría absoluta de sus miembros, podrán sustituir la iniciativa que el apartado 2 del artículo 143 atribuye a las Diputaciones Provinciales o a los órganos interinsulares correspondientes.

DISPOSICIÓN TRANSITORIA SEGUNDA

Los territorios que en el pasado hubiesen plebiscitado afirmativamente proyectos de Estatuto de Autonomía y cuenten, al tiempo de promulgarse esta Constitución, con regímenes provisionales de autonomía podrán proceder inmediatamente en la forma que se prevé en el apartado 2 del artículo 148, cuando así lo acordaren, por mayoría absoluta, sus órganos preautonómicos colegiados superiores, comunicándolo al Gobierno. El proyecto de Estatuto será elaborado de acuerdo con lo establecido en el artículo 151, número 2, a convocatoria del órgano colegiado preautonómico.

DISPOSICIÓN TRANSITORIA TERCERA

La iniciativa del proceso autonómico por parte de las Corporaciones locales o de sus miembros, prevista en el apartado 2 del artículo 143, se entiende diferida, con todos sus efectos, hasta la celebración de las primeras elecciones locales una vez vigente la Constitución.

DISPOSICIÓN TRANSITORIA CUARTA

1) En el caso de Navarra, y a efectos de su incorporación al Consejo General Vasco o al régimen autonómico vasco que le sustituya, en lugar de lo que establece el artículo 143 de la Constitución, la iniciativa corresponde al Órgano Foral competente, el cual adoptará su decisión por mayoría de los miembros que lo componen. Para la validez de dicha iniciativa será preciso, además, que la decisión del Órgano Foral competente sea ratificada por referéndum expresamente convocado al efecto, y aprobado por mayoría de los votos válidos emitidos.

2) Si la iniciativa no prosperase, solamente se podrá reproducir la misma en distinto período del mandato del Órgano Foral competente y, en todo caso, cuando haya transcurrido el plazo mínimo que establece el artículo 143.

DISPOSICIÓN TRANSITORIA QUINTA

Las ciudades de Ceuta y Melilla podrán constituirse en Comunidades Autónomas si así lo deciden sus respectivos Ayuntamientos, mediante acuerdo adoptado por la mayoría absoluta de sus miembros y así lo autorizan las Cortes Generales, mediante una ley orgánica, en los términos previstos en el artículo 144.

Cuando se remitieran a la Comisión Constitucional del Congreso varios proyectos de Estatuto, se dictaminarán por el orden de entrada en aquélla, y el plazo de dos meses a que se refiere el artículo 151 empezará a contar desde que la Comisión termine el estudio del proyecto o proyectos de que sucesivamente haya conocido.

Los organismos provisionales autonómicos se considerarán disueltos en los siguientes casos:

Una vez constituidos los órganos que establezcan los Estatutos de Autonomía aprobados conforme a esta Constitución.

En el supuesto de que la iniciativa del proceso autonómico no llegara a prosperar por no cumplir los requisitos previstos en el artículo 143.

Si el organismo no hubiera ejercido el derecho que le reconoce la disposición transitoria primera en el plazo de tres años.

DISPOSICIÓN TRANSITORIA OCTAVA

1) Las Cámaras que han aprobado la presente Constitución asumirán, tras la entrada en vigor de la misma, las funciones y competencias que en ella se señalan, respectivamente para el Congreso y el Senado, sin que en ningún caso su mandato se extienda más allá del 15 de junio de 1981.

2) A los efectos de lo establecido en el artículo 99, la promulgación de la Constitución se considerará como supuesto constitucional en el que procede su aplicación. A tal efecto, a partir de la citada promulgación se abrirá un período de treinta días para la aplicación de lo dispuesto en dicho artículo.

Durante este período, el actual Presidente del Gobierno, que asumirá las funciones y competencias que para dicho cargo establece la Constitución, podrá optar por utilizar la facultad que le reconoce el artículo 115 o dar paso, mediante la dimisión, a la aplicación de lo establecido en el artículo 99, quedando en este último caso en la situación prevista en el apartado 2 del artículo 101.

3) En caso de disolución, de acuerdo con lo previsto en el artículo 115 y, si no se hubiera desarrollado legalmente lo previsto en los artículos 68 y 69, serán de aplicación en las elecciones las normas vigentes con anterioridad, con las solas excepciones de que en lo referente a la inelegibilidades e incompatibilidades se aplicará directamente lo previsto en el inciso segundo de la letra *b)* del apartado 1 del artículo 70 de la Constitución, así como lo dispuesto en la misma respecto a la edad para el voto y lo establecido en el artículo 69.3.

A los tres años de la elección por vez primera de los miembros del Tribunal Constitucional se procederá por sorteo para la designación de un grupo de cuatro miembros de la misma procedencia electiva que haya de cesar y renovarse. A estos solos efectos se entenderán agrupados como miembros de la misma procedencia a los dos designados a propuesta del Gobierno y a los dos que proceden de la formulada por el Consejo General del Poder Judicial. Del mismo modo se procederá transcurridos otros tres años entre los dos grupos no afectados por el sorteo anterior. A partir de entonces se estará a lo establecido en el número 3 del artículo 159.

DISPOSICIÓN DEROGATORIA

1) Queda derogada la Ley 1/1977, de 4 de enero, para la Reforma Política, así como, en tanto en cuanto no estuvieran ya derogadas por la anteriormente mencionada Ley, la de Principios del Movimiento Nacional, de 17 de mayo de 1958; el Fuero de los Españoles, de 17 de julio de 1945; el del Trabajo, de 9 de marzo de 1938; la Ley Constitutiva de las Cortes, de 17 de julio de 1942; la Ley de Sucesión en la Jefatura del Estado, de 26 de julio de 1947, todas ellas modificadas por la Ley Orgánica del Estado, de 10 de enero de 1967, y en los mismos términos esta última y la de Referéndum Nacional, de 22 de octubre de 1945.

2) En tanto en cuanto pudiera conservar alguna vigencia, se considera definitivamente derogada la Ley de 25 de octubre de 1839 en lo que pudiera afectar a las provincias de Álava, Guipúzcoa y Vizcaya.

En los mismos términos se considera definitivamente derogada la Ley de 21 de julio de 1876.

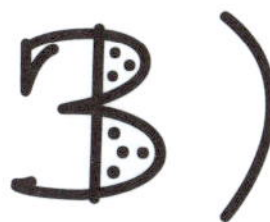

3) Asimismo quedan derogadas cuantas disposiciones se opongan a lo establecido en esta Constitución.

DISPOSICIÓN FINAL

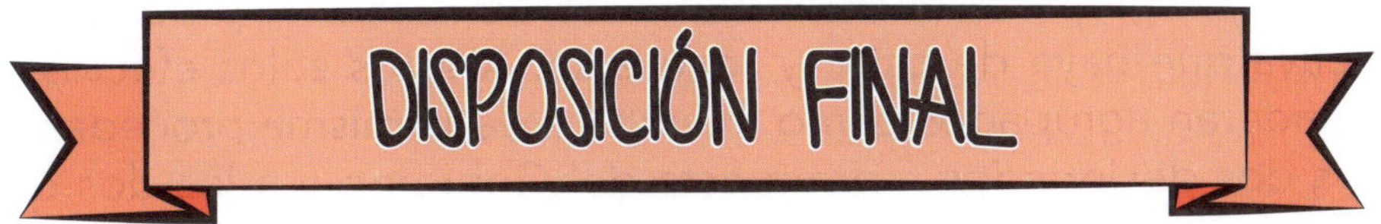

Esta Constitución entrará en vigor el mismo día de la publicación de su texto oficial en el Boletín Oficial del Estado. Se publicará también en las demás lenguas de España.

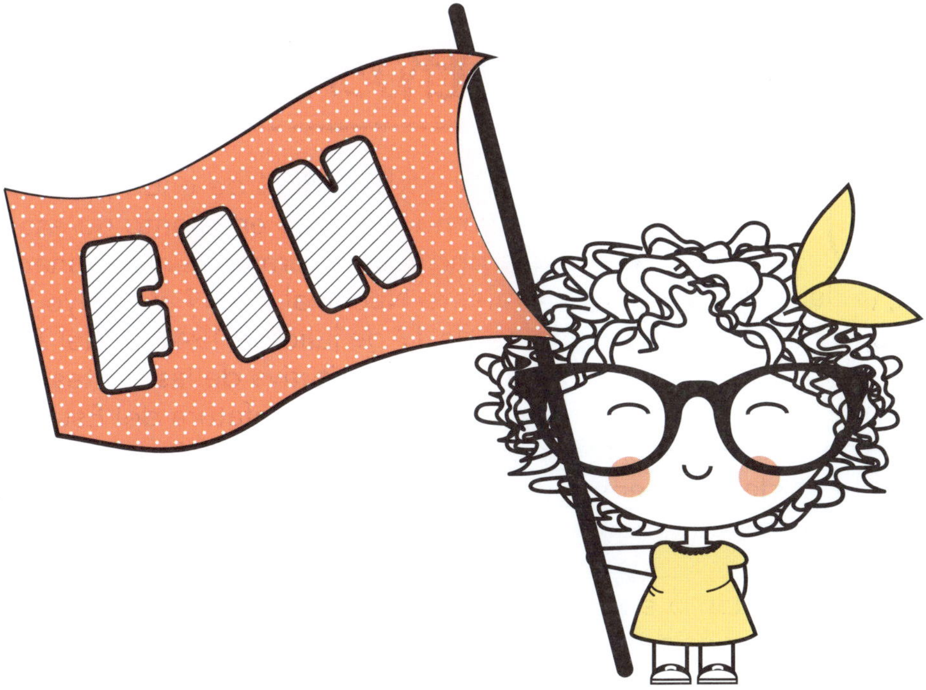

PÍLDORAS
TOP 50

NÚMERO	REFERENCIA	PÍLDORAS
1		
2		
3		
4		
5		

NÚMERO	REFERENCIA	PÍLDORAS
6		
7		
8		
9		
10		

NÚMERO	REFERENCIA	PÍLDORAS
11		
12		
13		
14		
15		

NÚMERO	REFERENCIA	PÍLDORAS
16		
17		
18		
19		
20		

NÚMERO	REFERENCIA	PÍLDORAS
21		
22		
23		
24		
25		

NÚMERO	REFERENCIA	PÍLDORAS
26		
27		
28		
29		
30		

NÚMERO	REFERENCIA	PÍLDORAS
31		
32		
33		
34		
35		

NÚMERO	REFERENCIA	PÍLDORAS
36		
37		
38		
39		
40		

NÚMERO	REFERENCIA	PÍLDORAS
41		
42		
43		
44		
45		

NÚMERO	REFERENCIA	PÍLDORAS
46		
47		
48		
49		
50		

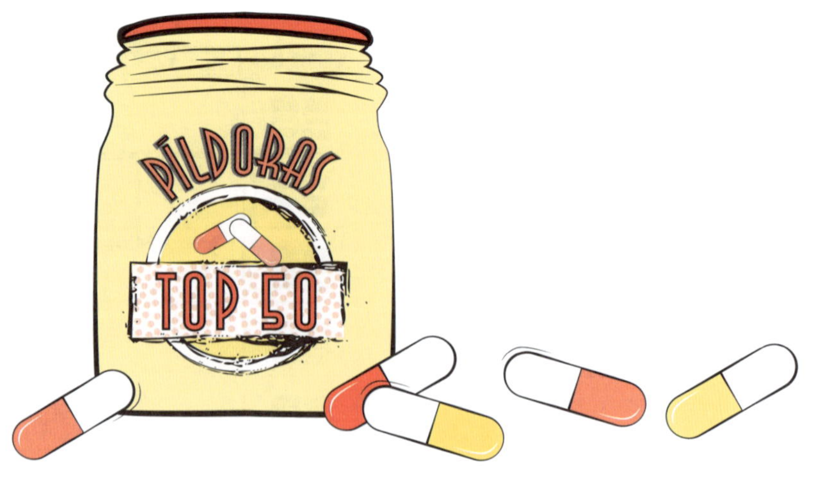

   Cinthia Moure

mis notas
secretas
DE
LA CONSTI

notas

Encuentra toda la colección en nuestra web

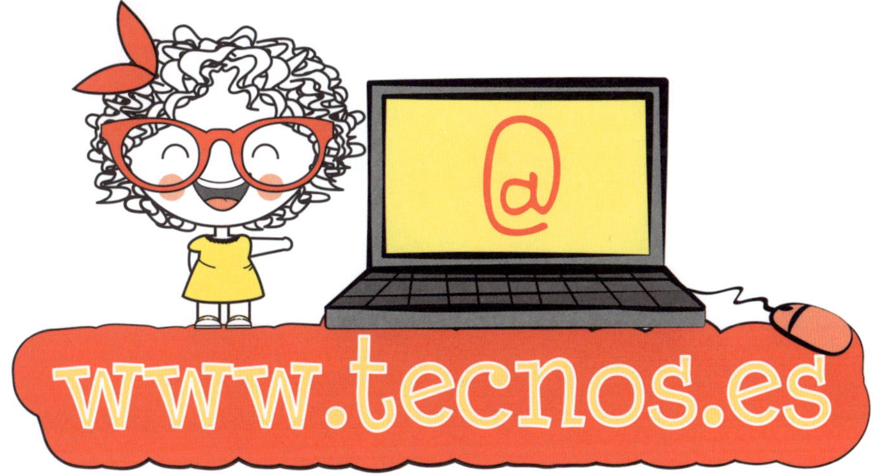